Trendküche

SPANIEN

VON
GALICIEN
BIS
ANDALUSIEN

Impressum
Alle Rechte vorbehalten, einschliesslich derjenigen des auszugsweisen Abdrucks und der elektronischen Wiedergabe
© Verlag SAISON-KÜCHE, Zürich
1. Auflage 2004

Herausgeber: Verlag SAISON-KÜCHE
Konzept: Ingrid Schindler
Projektleitung: Flavia Zarro Grunder
Rezepte: Barbara Rüfenacht de Luigi
Texte: Eva Gattiker
Produktion: Dagmar Madelung
Gestaltung: Nadia Lattmann, René Schleuniger
Fotos/Styling: Claudia Linsi
Fotoküche: Barbara Rüfenacht de Luigi
Bildredaktion (Agenturbilder): Nicole Spiess
Bildnachweis: Baumann/stockfood/skultety (S. 38), Bildagentur Huber/Gräfenhain (S. 36/37), Martina Meier (S. 12), Prisma (S. 10/11, 62/63, 84/85), Ingrid Schindler (S. 64, 86), Andreas Thumm (S. 116/117, 118)
Mitarbeit: Mario Giacchetta, Felix Häfliger, Margaretha Junker, Stefanie Zweifel
Korrektorat Deutsch: Samuel Brügger; **Spanisch:** Inés Martín
Geschirr und Accessoires: Barbara Wick, Einrichtungen, Zürich; Trias Themata, Zürich
Lithos und Druck: Limmatdruck AG, PMC print media corporation, Oetwil a. S.
Gedruckt auf chlorfrei gebleichtem Papier

Bezugsquellen:
Verlag SAISON-KÜCHE, Postfach, 8957 Spreitenbach, ausgesuchte Migros-Filialen oder im Buchhandel

Das vorliegende Buch ist sorgfältig erarbeitet worden. Dennoch erfolgen alle Angaben ohne Gewähr. Weder AutorInnen noch Verlag können für eventuelle Fehler oder Schäden, die aus den in diesem Buch gegebenen praktischen Hinweisen resultieren, eine Haftung übernehmen.

ISBN 3-9522620-6-4

Willkommen in Spanien

Liebe Leserin,
lieber Leser

Wer Spanien hört, denkt an Sonne, Meer und Flamenco. Doch das Land hat mehr zu bieten: moderne Architektur, eine junge Filmszene, aufregende Mode zum Beispiel – und eine abwechslungsreiche Küche.

Die Spanier kochen mit Leidenschaft und mit Sinn für das Einfache, Schmackhafte. Frische, qualitativ hochwertige Zutaten sind ihnen wichtiger als kunstvoll angerichtete Speisen. Sie setzen kulinarische Trends und sind gleichzeitig stolz auf ihre Geschichte. Die spanischen Seefahrer, vor allem aber die Araber, brachten Mandeln, Kümmel, Safran und Minze, Zuckerrohr, Reis, Orangen und Auberginen ins Land. So entstanden viele neue und wunderbare Gerichte, die längst typisch spanisch sind.

Von so manchen wurde die spanische Küche verkannt, die Meinungen waren gemacht: zu deftig, zu schwer. Seit aber junge, innovative Köche – vor allem in Barcelona – die traditionelle Küche mit ihren frechen Ideen würzen, liegt Spanien voll im Trend. Auch wir haben uns begeistern lassen, die 50 spanischen Rezepte in diesem Buch sind der Beweis.

Wir zeigen Ihnen, wie die madrilenische Tortilla gelingt und der valencianische Karamelflan mit Orangen besonders gut schmeckt, was in die Teigtaschen aus dem Norden gehört und wie Sie – ganz katalanisch – Fisch und Fleisch erfolgreich kombinieren. Pro Kapitel stellen wir Ihnen zwei bis drei Gerichte vor, die Sie auch als *tapas*, köstliche Kleinigkeiten zum Apéro, zubereiten können.

Nun bleibt uns nur noch, mit einem Glas Rioja auf die herrliche Küche Spaniens anzustossen und Ihnen viel Spass beim Lesen, Kochen und Essen zu wünschen. ¡*Que aproveche!*

INHALT

DER NORDEN

DER OSTEN

DAS ZENTRUM

DER NORDEN

10	**DER NORDEN**
13	Apfelwein und Pinchos
14	Glossar
16	Pinchos, Tapas
18	Empanaditas de carne, Gedeckte Fleisch-Küchlein
20	Vieiras al estilo gallego, Jakobsmuscheln nach galicischer Art
22	Truchas a la navarra, Gebratene Forellen mit Rohschinken
24	Morcilla y chorizo en sidra, Blutwurst und Chorizo in Apfelweinsauce
26	Porrusalda con bacalao, Lauch und Kartoffeln mit Bacalao
28	Liebre al Rioja, Wildhase in Rioja mit Äpfeln
30	Pimientos morrones salteados, Sautierte Peperoni
32	Arroz con leche y melocotones, Milchreis mit marinierten Pfirsichen
34	Sorbete de vino tinto, Rotwein-Sorbet mit Traubenkompott

36	**DER OSTEN**
39	Markttreiben und Tomatenbrot
40	Glossar
42	Ensalada de judías verdes, Bohnensalat mit Minze
44	Verduras con salsa salbitxada, Gemüse mit Salbitxada-Sauce
46	Ensalada de pescado y mariscos, Fischsalat mit Meeresfrüchten
48	Albóndigas con tomate, Fleischbällchen mit Tomatensalsa
50	Sopa de bacalao fresco y verduras, Kabeljau-Suppe mit Gemüse
52	Jabalí a la cazadora, Wildschwein-Entrecôte mit Pilzen
54	Conejo con lubrigante, Kaninchenschenkel mit Hummer
56	Arroz con alcachofas, Reis mit Artischocken
58	Crema catalana con albaricoques, Karamellisierte Creme mit Aprikosen
60	Torta de almendras y patatas, Mandel-Kartoffel-Torte

62	**DAS ZENTRUM**
65	Safran und Prinzessin
66	Glossar
68	Gambas al ajillo, Knoblauch-Riesenkrevetten
70	Pan candeal, Weissbrot
72	Tortillas, Eierkuchen
74	Migas a la extremeña, Geröstete Brotwürfelchen nach Art der Extremadura
76	Sopa de ajo, Knoblauchsuppe
78	Olla podrida, Kichererbsen-Eintopf mit Fleisch und Gemüse
80	Hígado encebollado, Kalbsleber mit Zwiebeln an Biersauce
82	Queso manchego con higos, Schafkäse mit Feigen und Nüssen

INHALT

DER SÜDEN

DIE BALEAREN

84 DER SÜDEN
- 87 Gewürze und Paella
- 88 Glossar
- 90 Boquerones en vinagre, Eingelegte Sardellen
- 92 Cebollas con miel, Honig-Zwiebelchen
- 94 Ensalada de tomates, Tomatensalat
- 96 Ensalada de patatas veraniega, Kartoffelsalat an Sherry-Vinaigrette
- 98 Sopas frías, Kalte Suppen
- 100 Rape al limón y naranja, Seeteufel in Zitronen-Orangen-Sauce
- 102 Paella mixta, Reispfanne
- 104 Pato con ciruelas pasas, Entenbrust mit Backpflaumen
- 106 Cordero a la moruna, Lammgigot nach Art der Mauren
- 108 Olla gitana, Gemüse-Eintopf nach Zigeunerart
- 110 Flan de naranja, Orangen-Karamell-Flan
- 112 Pan de higos, Feigenbrot
- 114 Polvorones con frutas, Mandel-Schmalz-Gebäck mit Früchten

116 DIE BALEAREN
- 119 Engelshaar und Schokolade
- 120 Glossar
- 122 Sangría, Rotwein-Bowle
- 124 Ensalada a la mallorquina, Mallorquinischer Salat
- 126 Coca de verduras, Gemüse-Blechkuchen
- 128 Tumbet, Gemüse-Auflauf
- 130 Sepia con cebolla, Tintenfisch mit Zwiebeln, Weinbeeren und Pinienkernen
- 132 Lomo, Jungschweinbraten
- 134 Pollo con ciruelas y peras, Poulet mit Kräuter-Mandel-Sauce, Zwetschgen und Birnen
- 136 Helado de almendras, Mandelglace
- 138 Ensaimadas, Hefeteigschnecken

DER NORDEN

Galicien – Asturien – Kantabrien – Baskenland – La Rioja – Navarra

Apfelwein und Pinchos

Die Südspanier spötteln gerne über ihre Nachbarn im Norden: Dort brauche man Gummistiefel und Regenschirm öfter als Gabel und Messer. Es mag auch etwas Neid der von Trockenheit geplagten Südspanier dabei eine Rolle spielen. Schliesslich sind die Landschaften Kantabriens, Asturiens und Galiciens im Norden vom feuchten Klima geprägt: Üppiges Grün, fruchtbare Äcker und schier endlose Wälder erinnern stellenweise an die Schweiz.

Das Leben im Norden war und ist von der Landwirtschaft bestimmt, das Essen bedeutet für die Bauern auch heute noch eine willkommene Abwechslung im anstrengenden Alltag. Für aufwändiges Kochen reicht die Zeit oft nicht. So sind einfache Gerichte entstanden. Aus Galicien zum Beispiel kommt die *empanada* (s. S. 18), eine Teigtasche aus Maisteig, gefüllt mit Tomaten, Fleisch oder Fisch.

Schäumender Apfelwein

Aus Asturien stammt die *morcilla*, eine feste, eher trockene Wurst aus Schweineblut. In den spanischen Restaurants der Schweiz wird sie auch gerne als *tapa* serviert. Das Schwein ist in ganz Spanien beliebt, im Norden aber besonders: Von dem Tier werden Schwarten, Füsse, Ohren und Innereien gegessen. Das mag uns befremdlich erscheinen, ist aber letztlich typisch für die Küche eines Landes, in dem Nahrung nicht immer im Überfluss vorhanden war.

Tradition hat im Norden Spaniens auch der *sidra*, der Apfelwein aus Asturien. Man sollte ihn sich von einem Profi einschenken lassen. Denn nur dieser weiss, wie sich das Aroma des Weins am besten entfaltet. Der Könner hält die Sidra-Flasche so weit in die Höhe wie möglich, damit der Strahl von da ins Glas trifft und den Wein aufschäumen lässt. Serviert wird der *sidra* beispielsweise zu *cabrales*, einem von Schimmel durchzogenen Käse aus Kuh-, Ziegen- und Schafmilch.

Köstlichkeiten aus dem Atlantik

Kantabrien ist bekannt für ihre Fischkonserven. Die Sardellen und Sardinen aus Kantabrien gelten als besonders zart und schmackhaft. Kenner lagern die Büchsen-sardinen wie guten Wein, ihr Geschmack soll so besonders intensiv werden. In den Küstengebieten des Nordens landen zudem unzählige Delikatessen aus dem Atlantik in den Kochtöpfen: Seehecht, Seeteufel, Meerschlange, Meerbarbe, Rochen, Tintenfische, Muscheln, Krebse und mehr. Bekannt sind zum Beispiel die *vieiras al estilo gallego* (s. S. 20), Jakobsmuscheln in ihrer Schale mit einer Sauce oder überbacken mit Corail-Bröseln und Knoblauch.

Abrechnung mit Zahnstochern

Weiter östlich, in Navarra, spürt man den kulinarischen Einfluss Frankreichs; die Küche ist eleganter: Gerne wird die *trucha* (Forelle) zubereitet, mal mit Serrano-Schinken, mal mit Pilzen. In der fruchtbaren Region kocht man aber auch mit Spargel, Artischocken und zartem Lauch.

Die Basken wiederum mögen die etwas rustikalere, unkomplizierte Küche. Eine Besonderheit sind die *pintxos* (was auf baskisch «Spiess» heisst, auf Spanisch heissen sie *pinchos*): Auf kleine Brotscheiben, ähnlich unseren Canapés, werden mit einem Zahnstocher Stückchen von Fleisch, Gemüse oder Meeresfrüchten gesteckt (s. S. 16). In den Bars stehen die *pintxos* meist in grossen Mengen bereit, jeder und jede darf sich bedienen. Das Abrechnen ist einfach: Der Kellner zählt lediglich die übriggebliebenen Zahnstocher.

Die *pintxos* sind eigentlich eine baskische Variante der *tapas*. In den spanischen Metropolen sind sie sehr beliebt und auch bei uns immer häufiger im Angebot von Restaurants und Bars zu finden.

Bacalao

Mörser

Pimientos (Gewürzpaprika)

Bacalao
Bacalao ist das spanische Wort für Kabeljau. Es bezeichnet gleichzeitig auch den mit einer speziellen Methode haltbar gemachten Fisch. Dazu wird frischer Kabeljau, aber auch Schellfisch oder Seelachs getrocknet und gesalzen. Damit das Fischfleisch verabeitet werden kann, muss man ihm das Salz wieder entziehen. Dafür wird der Fisch einige Tage gewässert. Das Wasser sollte während dieser Zeit mindestens 3 Mal ausgewechselt werden.

Hülsenfrüchte
Hülsenfrüchte sind in Spanien sehr beliebt, vor allem in Eintöpfen, aber auch in Salaten. Sehr oft werden weisse Bohnenkerne oder Linsen verwendet. Hülsenfrüchte sollte man erst salzen, nachdem sie bereits eine Stunde gekocht haben, da die Hülse sonst hart wird. Gegart lassen sie sich gut tiefkühlen.

Jakobs- oder Pilgermuscheln
Das glasig-weisse Muschelfleisch ist mit dem orange-roten Corail (geniessbarer Rogen) in eine grosse, schüsselförmige Muschelschale eingebettet. Bei uns kommt die Muschel in der Regel ohne Schale in den Handel. Das Fleisch hat ein unverkennbar nussig-süssliches Aroma. Das Corail wird in Spanien häufig mitgegessen.

Morcilla
Die *morcilla* wird aus gewürztem Schweineblut hergestellt. Erhältlich ist sie gekocht, getrocknet oder geräuchert. Man kann die Wurst aufgeschnitten servieren – zum Beispiel als *tapa* (s. S. 24) – oder auch einem Eintopf beigeben. *Morcilla* lässt sich durch keine andere Wurst ersetzen.

Mörser
In einem Mörser werden Gewürze, Kräuter und *pimientos* (s. unten) meist zusammen mit Olivenöl zu wunderbar duftenden Gewürzpasten verarbeitet, die man für Saucen weiterverwenden kann. Durch das Zermah-

Hülsenfrüchte

Rioja

Morcilla (Blutwurst)

len werden die ätherischen Öle freigesetzt. Mörser bestehen zum Beispiel aus Stein, Porzellan oder Gusseisen, sollten schwer sein und eine aufgeraute Innenseite haben.

Pimientos

Pimientos, kleine Gewürzpaprikas oder Peperoncini, gehören in die spanische Küche wie Salz und Pfeffer. Sie werden in getrockneter Form – und oft auch mit anderen Zutaten – im Mörser zerkleinert und dann Saucen, Suppen und Eintöpfen beigegeben. Sind sie ganz fein zu Pulver zermahlen, spricht man von *pimentón*, Paprikapulver. *Pimentón* gibt es mild und scharf.

Rioja

Stellvertretend für die vielen spanischen Weine sprechen wir an dieser Stelle vom Rioja. Dieser fruchtbetonte Rotwein wird zur Hauptsache aus den Traubensorten Tempranillo, Grenache und Graciano gekeltert. Typisch für den Rioja ist seine rubin- bis granatrote Farbe. Aromen von Dörrfrüchten, Walderdbeeren, süssem Tabak oder sogar Schokolade zeichnen sein Boquet aus. Der Wein passt zu Fleisch, Wurstwaren, Grilladen und Käse. Zum Kochen kann man gut einen preiswerten Rioja verwenden, zum Essen sollte man dann einen von höherer Qualität servieren, einen Rioja Reserva oder Gran Reserva. Übrigens: Rund 20 Prozent der Weine aus Rioja sind weiss.

Sardellen/Sardinen

Die sehr fettreichen Sardellen sind bis zu 15 Zentimeter lang und werden ganz gebraten am Stück verspiesen. Ihre Filets werden in Öl eingelegt und als Konserve verkauft (*anchoas*) oder in Essig mariniert (*boquerones*, Rezept s. S. 90).

Sardinen sind heringartige Fische und grösser als Sardellen. Sie schmecken vor allem grilliert und gebraten. Wenn sie frittiert sind, können sie am Stück samt Gräten gegessen werden.

Pinchos
Tapas

ASTURIEN

Ergibt je 4 Stück

1 Weissbrot, z.B. Parisette

ca. 1 dl Olivenöl für alle Pinchos

Salz

16 Holzspiesschen

Zucchetti-Pinchos:

1 gelbe Zucchetti

2 Wachteleier, gekocht

4 Cherrytomaten

4 Basilikumblätter

Krevetten-Pinchos:

1 rote Peperoni

4 Riesenkrevetten, roh, geschält

½ Peperoncino, entkernt, gehackt

1 Zweig Basilikum

Spargel-Pinchos:

8 feine, grüne Spargeln

2 Zwiebeln, in Essig eingelegt

4 Tranchen Rohschinken, z.B. Pata negra- oder Serrano-Schinken

Manchego-Pinchos:

1 Knoblauchzehe

50 g Manchego (spanischer Schafskäse)

4 grüne Oliven

1 Zweig Oregano

1 Brot in 16 feine Scheiben schneiden. Nach Belieben hellbraun toasten.

2 Zucchetti-Pinchos: Zucchetti längs in 8 dünne Scheiben schneiden. In 1 EL Öl kurz braten. Erst dann mit Salz würzen. Auf 4 Brotscheiben verteilen. Wachteleier schälen und quer halbieren. Von den Tomaten einen Deckel wegschneiden und aushöhlen. Leicht salzen. Mit je einer Eihälfte füllen. Gefüllte Tomaten auf einem Basilikumblatt auf die Zucchetti setzen. Mit einem Holzspiesschen fixieren.

3 Krevetten-Pinchos: Peperoni vierteln und entkernen. In 2 EL Öl bei kleiner Hitze 5–7 Minuten braten, bis sie ganz weich sind. Auf Küchenpapier abtropfen lassen. Krevetten im restlichen Öl 2–3 Minuten braten. Peperoncino beigeben und etwa 1 Minute mitbraten. Dann erst salzen. Brotscheiben mit Peperoni belegen. Krevetten darauf geben und mit Holzspiesschen fixieren. Mit Basilikum garnieren.

4 Spargel-Pinchos: Spargeln in Olivenöl rundum bei kleiner Hitze 3–4 Minuten braten. Spargeln halbieren und auf Brotscheiben legen. Zwiebeln halbieren. Rohschinken aufrollen. Je mit einer Zwiebelhälfte auf die Brötchen stecken.

5 Manchego-Pinchos: Brotscheiben mit einer halbierten Knoblauchzehe einreiben und mit wenig Olivenöl beträufeln. Manchego in feine Scheiben schneiden. Brotscheiben damit belegen, Oliven darauf setzen und mit Holzspiesschen fixieren. Mit Oregano garnieren.

TIPPS

Pinchos sind in Spanien beliebte *tapas*. Der Gast bezahlt im Lokal pro Zahnstocker einen Einheitspreis. Der Phantasie sind betreffend Zusammensetzung der *pinchos* keine Grenzen gesetzt.

Empanaditas de carne
Gedeckte Fleisch-Küchlein

GALICIEN

Für Pie- oder Muffinförmchen von 6–8 cm Ø
Ergibt 10 Stück

Teig:

50 g Polentamaisgriess, fein

200 g Weissmehl

1 TL Salz

20 g Schweineschmalz oder weiche Butter

1 TL Olivenöl

1 EL Weisswein

ca. 1,25 dl Wasser, lauwarm

Füllung:

1 gelbe Peperoni

1 grüne Peperoni

300 g Hackfleisch vom Rind oder gemischt

1 EL Olivenöl

50 g Rohschinken, z.B. Serrano-Schinken

1 grosse Zwiebel, gehackt

2 Knoblauchzehen, gehackt

2 EL Tomatenpüree

100 g Tomatensauce, aus dem Glas

Salz, Pfeffer aus der Mühle

1 TL Paprikapulver, edelsüss

Butter für die Förmchen

1 Eigelb zum Bepinseln

1 Für den Teig Mais, Mehl und Salz in einer Schüssel mischen. Eine Mulde eindrücken. Schmalz, Öl, Wein und Wasser in die Vertiefung geben. Zu einem Teig zusammenfügen. 5 Minuten glatt und geschmeidig kneten. In Folie gewickelt 30 Minuten kühl stellen.

2 Für die Füllung Peperoni entkernen und in Würfelchen schneiden. Fleisch im heissen Öl ca. 5 Minuten scharf anbraten. Rohschinken längs halbieren und in feine Streifen schneiden. Mit Peperoni, Zwiebeln und Knoblauch zufügen und kurz mitbraten. Tomatenpüree beigeben, kurz anrösten. Mit Tomatensauce ablöschen. Pikant mit Salz, Pfeffer und Paprika würzen. Sauce zugedeckt 10 Minuten köcheln. Auskühlen lassen.

3 Ofen auf 200 °C vorheizen. Förmchen einfetten. Teig ca. 3 mm dick auswallen. Daraus 20 Rondellen von 8–10 cm Ø ausstechen. Förmchen damit auslegen. Füllung darin verteilen. Mit je einer zweiten Rondelle belegen. Die Ränder locker gegen innen klappen. Oberfläche mit Eigelb bepinseln. Empanadas in der unteren Ofenhälfte ca. 30 Minuten backen. Heiss, lauwarm oder kalt servieren.

TIPP
Aus der angegebenen Menge Teig und Fleisch kann auch eine grosse *empanada* von 28 cm Ø gebacken werden.

Vieiras al estilo gallego
Jakobsmuscheln nach galicischer Art

GALICIEN

Für 4 Personen

12 Jakobsmuscheln mit Corail
1 EL Zitronensaft
Salz, Pfeffer aus der Mühle
2 Tranchen Rohschinken z.B. Serrano-Schinken
1 Zwiebel, gehackt
1 Knoblauchzehe, gehackt
4 EL Olivenöl
1 TL Paprika, edelsüss
1,25 dl Weisswein
1 EL Grappa
2 Scheiben Weissbrot, altbacken
½ Bund glatte Petersilie, gehackt
4 EL Olivenöl zum Beträufeln

1 Muscheln vom Corail befreien. Das weisse Muschelfleisch mit wenig Zitronensaft, Salz und Pfeffer 10 Minuten marinieren. Je 3 Muscheln in eine Jakobsmuschel-Schale oder in ofenfeste Förmchen geben.

2 Rohschinken und Corail fein hacken. Mit Zwiebeln und Knoblauch im Olivenöl andünsten. Mit Salz, Pfeffer und Paprika würzen. Mit Weisswein ablöschen. Grappa beigeben.

3 Ofen auf 200 °C vorheizen. Masse über den Jakobsmuscheln verteilen. Brot im Cutter nicht zu fein mahlen. Mit Petersilie über die Muscheln verteilen. Mit Olivenöl beträufeln. In der Ofenmitte ca. 10 Minuten überbacken.

TIPPS
Corail s. S. 14. – Beim Beträufeln mit Olivenöl ja nicht sparen, da das Öl für eine knusprige Kruste und für viel Geschmack entscheidend ist. Einzelne Jakobsmuschel-Schalen sind beim Fischhändler erhältlich.

Truchas a la navarra
Gebratene Forellen mit Rohschinken

Für 4 Personen

4 Forellen, ganz, küchenfertig ausgenommen, à ca. 200 g

12 Tranchen Rohschinken, z.B. Serrano-Schinken

2 Zweige Majoran

Salz, Pfeffer aus der Mühle

2 EL Mehl

4 Knoblauchzehen

100 g Speckwürfelchen

2 EL Olivenöl

1 dl Roséwein

½ Bund glatte Petersilie, gehackt

4 Zweige glatte Petersilie für die Garnitur

1 Forellen unter fliessendem kaltem Wasser abspülen, trockentupfen. Je eine Schinkentranche und ½ Zweig Majoran in die Bauchhöhle legen. Fische rundum mit Salz und Pfeffer würzen. Mit Mehl bestäuben. Um jede Forelle 2 Schinkentranchen wickeln.

2 Knoblauch längs halbieren und in feine Scheiben schneiden. Speckwürfelchen in einer beschichteten Bratpfanne glasig braten. Knoblauch beigeben und kurz mitbraten. Aus der Pfanne nehmen und beiseite stellen. Öl in die gleiche Pfanne geben. Forellen bei guter Hitze auf jeder Seite 3–4 Minuten braten. Auf vorgewärmten Tellern oder auf einer Platte anrichten. Speck wieder in die Pfanne geben, erhitzen. Mit Wein ablöschen und fast ganz einkochen lassen. Petersilie beifügen und diese Mischung über die Forellen geben. Mit Petersilie garnieren. Sofort servieren.

TIPP
Mit einer *ensalada de patatas veraniega* (s. S. 96) oder einem gemischten Salat ergeben die Forellen eine leichte Mahlzeit.

Morcilla y chorizo en sidra
Blutwurst und Chorizo in Apfelweinsauce

ASTURIEN

Für 4 Personen als Tapas

50 g Soissons-Bohnen, getrocknet
Salz
5 dl Apfelwein
400 g Morcillas (spanische Blutwürste)
2 Chorizo-Würste, ca. 150 g
½ TL Oregano, getrocknet

1 Am Vortag: Bohnen über Nacht in reichlich kaltem Wasser einlegen.

2 Am Zubereitungstag: Bohnen mit frischem Wasser aufkochen. Zugedeckt 1½ Stunden bei kleiner Hitze kochen lassen. Salzen und weitere 10 Minuten kochen. Abgiessen.

3 Apfelwein aufkochen. Morcillas hineingeben und vor dem Siedepunkt 5 Minuten gar ziehen lassen. Würste herausnehmen und zugedeckt warm halten. Sud absieben und zurück in die Pfanne geben. Chorizos schräg in 2 cm dicke Scheiben schneiden. Im Sud 10 Minuten kochen. Herausheben und ebenfalls warm halten.

4 Bohnen und Oregano in den Apfelsud geben. Ungedeckt weitere 15–20 Minuten kochen, bis die Bohnen weich sind. In eine Schale geben. Morcilla in Scheiben schneiden, mit Chorizos auf den Bohnen anrichten. Lauwarm servieren.

TIPPS
Morcilla (s. Seite 14) ist im spanischen Fachgeschäft erhältlich. Sie kann nicht durch normale Blutwurst ersetzt werden. Die Express-Variante: *Chorizos* in Scheiben schneiden und in einer weiten Pfanne im Apfelwein kochen, bis der Sud zur Hälfte eingekocht ist. Direkt darin servieren.

Porrusalda con bacalao
Lauch und Kartoffeln mit Bacalao

BASKENLAND

Für 4 Personen

600 g Bacalao mit Haut und Gräten
600 g grosse Kartoffeln, fest kochend
3 Lauchstangen
1 Zwiebel, gehackt
3 Knoblauchzehen, gehackt
1 dl Olivenöl
1 Lorbeerblatt
2 dl Weisswein
einige Safranfäden
Salz, Pfeffer aus der Mühle

1 Mindestens 1 Tag im Voraus: Bacalao in ein grosses Gefäss geben und mit kaltem Wasser bedecken. Zugedeckt im Kühlschrank oder an einem kühlen Ort mindestens 24 Stunden wässern. Dabei das Wasser mindestens 3 Mal wechseln.

2 Am Zubereitungstag: Bacalao mit 1 l Wasser in einer Pfanne aufkochen. Zugedeckt kurz vor dem Siedepunkt 8 Minuten ziehen lassen. Fisch herausheben. 5 dl Garflüssigkeit beiseite stellen. Fisch häuten, entgräten und in schöne Stücke schneiden. Kartoffeln in 2 cm grosse Würfel schneiden. Lauch in 2–3 cm lange Stücke schneiden.

3 Zwiebeln und Knoblauch im heissen Öl andünsten. Kartoffeln, Lauch und Lorbeerblatt beigeben. Mit Weisswein und der beiseite gestellten Garflüssigkeit ablöschen. Zugedeckt ca. 25 Minuten bei kleiner Hitze schmoren. Dann Fisch und Safran beigeben. Mit Salz und Pfeffer würzen und weitere 10 Minuten schmoren. Zum Servieren in vorgewärmte Suppenschalen geben.

TIPPS
Bacalao ist getrockneter und gesalzener Fisch, meist Kabeljau. Er kann 50 bis 70 Zentimeter lang sein. Damit die Handhabung in der Küche leichter fällt, den Fisch deshalb vom Fischhändler halbieren oder dritteln lassen. Das Häuten und Entgräten ist bedeutend einfacher, als man es sich vielleicht vorstellt.

Liebre al Rioja
Wildhase in Rioja mit Äpfeln

BASKENLAND

Für 4 Personen

4 EL Olivenöl

1 Wildhase, ca. 2 kg, küchenfertig zerlegt

Salz, Pfeffer aus der Mühle

1 Zwiebel, gehackt

1 EL Mehl

2,5 dl Rioja (Rotwein)

2,5 dl Wildfond

4 Wacholderbeeren

200 g Eierschwämmchen

50 g Edelbitterschokolade

2 Äpfel, säuerliche Sorte

2 EL Malaga (Dessertwein)

½ Bund glatte Petersilie, gehackt

1 Öl in einem Bräter mit Deckel erhitzen. Hasenstücke darin auf allen Seiten knusprig anbraten. Erst nach dem Anbraten mit Salz und Pfeffer würzen. Zwiebeln beigeben und mitrösten. Fleisch mit Mehl bestäuben. Kurz mitrösten. Mit Wein und Fond ablöschen. Wacholderbeeren zugeben. Zugedeckt bei kleiner Hitze 20 Minuten schmoren.

2 In der Zwischenzeit Pilze mit einem Pinsel putzen und frisch anschneiden. Je nach Grösse halbieren oder vierteln. Schokolade zerkleinern. Äpfel erst in Schnitze, dann in 5 mm dicke Scheiben schneiden. Vorbereitete Zutaten und Malaga in die Sauce geben. Alles zugedeckt weitere 20 Minuten schmoren. Mit Salz und Pfeffer würzen. Petersilie kurz vor dem Servieren zufügen.

TIPPS
Wildhase beim Metzger vorbestellen. Wird nur ein Hasenrücken verwendet, verringern sich die Zubereitungszeiten beim sanften Schmoren um je 8–10 Minuten, d.h. gesamthaft um 16–20 Minuten. Pilze und restliche Zutaten werden bereits nach dem Ablöschen beigegeben und mitgeschmort. Ein Hasenrücken reicht für 2–3 Personen. Das Gericht schmeckt auch sehr gut mit einem küchenfertig zerteilten Kaninchen.

Pimientos morrones salteados
Sautierte Peperoni

NAVARRA

Für 8 Personen als Tapas
Für 4–6 Personen als Beilage

8 rote Peperoni
0,5 dl Olivenöl
Salz, Pfeffer aus der Mühle
2 Knoblauchzehen
½–1 TL Puderzucker zum Bestäuben

1 Peperoni samt Stiel längs halbieren. Kerne sorgfältig entfernen. Die Hälften mit dem Sparschäler schälen. Peperoni im heissen Öl kurz, aber kräftig anbraten. Mit Salz und Pfeffer würzen. Hitze reduzieren und das Gemüse bei mittlerer Hitze langsam weich garen.

2 Knoblauch in feine Scheiben schneiden. 5 Minuten vor Ende der Garzeit zufügen. Mit Puderzucker bestäuben und bei etwas grösserer Hitze leicht karamellisieren lassen. Nochmals mit Salz und Pfeffer abschmecken.

TIPP
Peperoni können auch im Ofen gebraten und dann geschält werden. Dazu die Früchte halbieren und entkernen. Im 220 °C heissen Ofen in der Ofenmitte ca. 20 Minuten braten, bis die Haut schwarze Blasen wirft. Herausnehmen, in einen Tiefkühlbeutel geben und 5–10 Minuten ruhen lassen. Danach lässt sich die Haut ganz leicht abziehen.

Arroz con leche y melocotones
Milchreis mit marinierten Pfirsichen

Für 4 Personen

Reis:
1 Vanilleschote
5 dl Milch/Wasser (halb-halb)
1 Zimtstange
2 Sternanis
100 g Camolino-Rundkornreis
1 Bio-Zitrone
50 g Zucker
1 dl Rahm

Pfirsiche:
2 Pfirsiche
1 TL Zitronensaft
1 EL Zucker
1 TL Zimt

1 Die Pfirsiche halbieren, vom Stein drehen und in Schnitze schneiden. Zitronensaft, Zucker und Zimt verrühren. Über die Pfirsiche geben und mindestens 30 Minuten marinieren.

2 Für den Reis Vanilleschote längs aufschneiden, Samen herauskratzen. Beides mit Milchwasser, Zimt und Sternanis aufkochen. Pfanne vom Herd ziehen. Gewürzmilch 5–10 Minuten ziehen lassen. Zimt, Anis und Vanilleschote entfernen. Reis beigeben und aufkochen. Bei mittlerer Hitze unter gelegentlichem Rühren ca. 15 Minuten köcheln lassen, bis der Reis al dente ist. Wenn nötig etwas Wasser nachgiessen.

3 Die Hälfte der Zitronenschale fein zum Reis reiben. Zucker und Rahm darunter rühren. Reis in Schalen verteilen. Marinierte Pfirsiche darauf anrichten. Restliche Pfirsiche eventuell separat dazu servieren.

TIPP
Dem Milchreis kurz vor Ende der Garzeit 100 g kandierte Früchtewürfelchen beigeben.

Sorbete de vino tinto
Rotwein-Sorbet mit Traubenkompott

Für 4 Personen

Sorbet:
1 Bio-Orange
1 Bio-Zitrone
150 g Zucker
1 Zimtstange
2 dl Wasser
2,5 dl Rotwein, z.B. Rioja
2 Eiweiss

Kompott:
50 g Zucker
2,5 dl Rotwein, z.B. Rioja
400 g Trauben, blau, weiss oder gemischt

1 Für das Sorbet von den Zitrusfrüchten mit dem Sparschäler je 3 lange, dünne Schalenstreifen abziehen. Den Saft auspressen. Beides mit Zucker, Zimt und Wasser kochen lassen, bis sich der Zucker aufgelöst hat. Auskühlen lassen.

2 Zimt und Schalen der Zitrusfrüchte entfernen. Zuckerwasser mit Rotwein mischen und im Tiefkühler anfrieren lassen, bis sich erste Eiskristalle bilden.

3 Eiweiss steif schlagen. Unter die angefrorene Rotweinmasse ziehen. Mindestens 3 Stunden gefrieren lassen. Dabei am Anfang 1 bis 2 Mal mit dem Mixer durchmischen, damit keine Eiskristalle entstehen.

4 Für das Kompott Zucker in einer Chromstahlpfanne karamellisieren. Mit Rotwein ablöschen. Bei grosser Hitze etwas einkochen. In der Zwischenzeit die Trauben halbieren und entkernen. In den Rotweinsud geben und einige Minuten darin leise köcheln, ohne dass die Trauben zerfallen. Trauben mit einer Schaumkelle herausheben. Sud sirupartig einkochen. Über die Trauben geben.

5 Zum Servieren Traubenkompott und Sorbet in Coupeschalen geben.

TIPP
Noch einfacher und schneller ist die Zubereitung des Sorbets in der Glacemaschine: Eiweiss unter die kalte Rotwein-Flüssigkeit ziehen und in der Glacemaschine zu einem Sorbet verarbeiten.

DER OSTEN

Katalonien – Aragonien

Markttreiben und Tomatenbrot

Für die Katalanen ist Barcelona die Hauptstadt Spaniens und schlicht *la guapa*, «die Schöne». Madrid hingegen ist für sie einfach «eine Stadt» und nichts Besonderes. Vor allem aber haben die Katalanen die bessere Fussballmannschaft als die Madrilenen. Doch mit seinen unzähligen Jugendstilbauten, den Ramblas und der Promenade am Meer hat Barcelona auch sonst einiges zu bieten.

Abgehoben und trendy

Was die Küche betrifft, hat Barcelona in den letzten Jahren sicher mehr von sich reden gemacht als Madrid oder jede andere spanische Stadt. Grund dafür sind Köche wie Ferrán Adrià, legendärer Chef im «El Bulli». Er sagt: «Ein Gericht ist magisch, wenn es die einen ekelt und die anderen es fantastisch finden». Adrià hantiert in der Küche, als wäre sie ein Chemielabor. Er ist frech, «würzt» Sonnenblumenöl mit Holzkohle und Brombeermus mit Tabak. Sein Konzept scheint zu funktionieren, viele finden seine Küche *fantástica*, einige abgehoben.

Einer der schönsten Lebensmittelmärkte

Bleiben wir am Boden und kehren zurück zur «normalen» Küche Kataloniens. Sie ist handfester, aber nicht weniger spannend als die Adriàs. Dafür tauchen wir am besten zuerst in die *Boquería* ein, wohl einer der schönsten Lebensmittelmärkte Europas. Hier kaufen die Spitzenköche und die Gourmets der Stadt ein, Touristen bestaunen die prächtige Auswahl, und schon mancher Gourmet soll sich hier finanziell verausgabt haben. Von Montag bis Samstag, acht Uhr morgens bis halb neun abends, gibt es Gemüse, Obst, Fisch, Fleisch, Meeresfrüchte, Pilze, Kräuter, Würste und viele regionale Spezialitäten zu kaufen, alles von bester Qualität.

Aus den Pyrenäen im Norden, der Region Aragonien zum Beispiel, kommt Wild, frisch oder zu festen Würsten verarbeitet. *Jabalí*, Wildschwein, schmeckt herrlich als Schmorbraten im Knoblauch-Kräuter-Sud (s. S. 52). Als weitere Delikatesse aus Aragonien sind auf der *Boquería* kandierte Früchte erhältlich. Schon seit Jahrhunderten kochen die Aragonier Äpfel, Birnen, Pfirsiche, Kirschen, Feigen, Pflaumen und Orangen in Zuckersirup ein. So bleiben die Früchte lange haltbar. Im Winter sind diese *frutas de Aragón* eine köstliche und farbige Abwechslung auf dem Speiseplan. Mittlerweile gehören sie in ganz Spanien zum traditionellen Weihnachtsmahl.

Das spanische Znünibrot

An Ständen in und um die Markthalle der *Boquería* werden Snacks angeboten, zum Beispiel das typisch katalanische *pan con tomate*. Dafür werden Scheiben von herzhaftem Bauernbrot kurz angeröstet und mit Olivenöl beträufelt. Dann reibt man mit einer reifen, quer aufgeschnittenen Tomate darüber. Für die kleine Hungerattacke ist das immer noch eine bewährte Gegenmassnahme. In den Restaurants bekommt der Gast die drei Zutaten serviert, sodass er sich das Tomatenbrot selbst zubereiten kann.

Eine Besonderheit der katalanischen Küche sei noch erwähnt: die Kombination von Fisch und Fleisch, zum Beispiel im Gericht *conejo con lubrigante* (Kaninchen mit Hummer, s. S. 54) oder *pollo con gambas* (Huhn mit Krevetten). Die Katalanen nennen solche Gerichte *mar y montaña* (Meer und Berg) – schliesslich stossen in ihrer Region im Nordosten die Berge und das Meer aufeinander, was liegt da näher, als die kulinarischen Schätze der beiden zu vereinen?

Turrón (Mandelpaste)

Artischocken

Carabinero

Artischocken
Von dem Gemüse werden nur die Blütenknospen gekocht und gegessen. Je nach Sorte können sie bis zu 500 Gramm wiegen. Ihre Farbe variiert von Grün über Violett zu Rot und Rotbraun. Von den grossen Artischocken ist nur der untere Teil der grossen Blütenblätter geniessbar. Das Innerste der Knospe, das Artischockenherz, und den Boden isst man ganz. Vor allem die kleinen, sehr jungen und zarten Artischocken sind begehrt; gekocht werden sie ganz verspiesen.

Brenneisen für Crema catalana
Ohne die knusprige Zuckerschicht ist das Nationalgericht der Katalanen, die *crema catalana* (s. S. 58), nicht echt. Zuerst wird dafür die gestockte Creme mit Rohrzucker bestreut. Dann drückt man das heisse, spiralförmige Brenneisen kurz und leicht auf den Zucker. So karamellisiert er und wird knusprig. Oft wird die Kruste auch mit der Flamme eines Bunsenbrenners hergestellt.

Carabineros
Die bis zu 200 Gramm schweren Riesenkrevetten haben eine blutrote Schale. Ihr Fleisch ist schmackhaft und dem einer Languste ähnlich. Bei uns kommen sie meist tiefgekühlt in den Handel. Zum Auftauen muss man sie 10 Minuten in kaltes Wasser legen. In Spanien beliebt sind Krevetten *a la plancha*: mit Knoblauch über dem Feuer gebraten.

Eier
Eier sind in der spanischen Küche unentbehrlich. Aus Eiern stellen die Spanier pikante Speisen wie Omeletten, *tortillas* (s. S. 72) oder süsse Desserts wie *crema catalana* (s. S. 58) her. Sie nähren sehr gut, und ein Spiegelei mit knusprigem Rand ergibt mit Knoblauch und Weissbrot eine vollwertige Mahlzeit.

Kandierte Früchte
Eine in Spanien beliebte Art der Haltbarmachung ist das Kandieren. Reife Früchte wie

epias

Kandierte Früchte

Brenneisen für Crema catalana

Birnen, Aprikosen, Pfirsiche und Ananas werden in konzentriertem Zuckersirup gekocht, bis sie glasig sind. Dann werden sie getrocknet und ganz oder gewürfelt verkauft. Sie sind gut ein Jahr haltbar.

Knoblauch
Als ganze Zehe, gehackt oder gepresst: Der Knoblauch ist ein Muss in der spanischen Küche. Die Knoblauchzwiebel setzt sich aus bis zu zwölf Tochterzwiebeln, den Zehen, zusammen. Junger Knoblauch ist milder, der reifere ist pikanter und hat eine trocknere Haut. Wenn diese sich von den Zehen nur schwer lösen lässt, quetscht man die Zehe am besten mit einer Messerklinge, bis die Schale aufspringt.

Schmalz
In der spanischen Küche ist Schweineschmalz verbreiteter als bei uns. Es wird aus dem Fettgewebe des Schweins – der Schwarte samt Speck – geschmolzen und ist weicher als Butter. Schweineschmalz lässt sich verwenden als Brotaufstrich, zum Anbraten oder als Fettbeigabe in Teige, die dadurch zart und geschmeidig werden.

Sepia
Sepia ist ein Tintenfisch, der im Mittelmeer und im Ostatlantik gefangen wird. Begehrt sind die Zwergsepias, in Essig mariniert und als *tapas* serviert. Die grossen Sepias werden gefüllt und zum Beispiel in Tomatensauce gegart.

Turrón
Turrón ist eine zuckersüsse Mandelpaste, die dem französischen Nougat ähnlich ist. Dafür werden geröstete Mandeln mit Honig eingekocht, dann kommt Eiweiss hinzu. Nachdem die Masse abgekühlt ist, wird sie unter Zugabe von Mandelöl und Mandelstücken zu einer Paste weiterverarbeitet. *Turrón* wird als Schleckerei geschätzt oder auch zur Herstellung von Gebäck verwendet.

Ensalada de judías verdes
Bohnensalat mit Minze

KATALONIEN

Für 4 Personen als Vorspeise
Für 2 Personen als Mahlzeit

400 g feine, grüne Bohnen
½ Bund Minze
Salz
1 Lattich, ca. 300 g
100 g Rohschinken, z.B. Pata negra- oder Serrano-Schinken

Dressing:
1 TL Dijon-Senf
2 EL Sherry-Essig
Salz, Pfeffer aus der Mühle
3 EL Olivenöl

1 Bohnen mit einem Minzezweig in siedendem Salzwasser ca. 10 Minuten al dente kochen.

2 In der Zwischenzeit Lattichblätter in feine Streifen schneiden. Auf Tellern verteilen. Rohschinken ebenfalls in ca. 2 cm lange, feine Streifen schneiden.

3 Für das Dressing alle Zutaten verrühren. Etwas Minze beiseite legen. Restliche Blätter fein schneiden und zum Dressing geben. Mit den noch warmen Bohnen und dem Schinken mischen. Auf dem Lattich anrichten und mit Minze garnieren. Sofort servieren.

TIPPS
Der Bohnensalat schmeckt auch kalt. Bohnen behalten ihre hellgrüne Farbe, wenn dem Kochwasser etwas Natron beigefügt wird oder wenn sie nach dem Kochen kurz kalt abgeschreckt und dann mit dem Dressing gemischt werden.

Verduras con salsa salbitxada
Gemüse mit Salbitxada-Sauce

KATALONIEN

Für 4 Personen als Tapas

Sauce:
2 EL Mandeln, ganz, geschält
1 EL Pinienkerne
2 rote Chilischoten
4–6 Knoblauchzehen, gehackt
2 reife Tomaten
je 1 Zweig Minze und Oregano, gehackt
1 EL Rotweinessig
1 dl Olivenöl
Salz, Pfeffer aus der Mühle

Gemüse:
12 Bundkarotten
8 Frühlingszwiebeln

1 Für die Sauce Mandeln und Pinienkerne grob hacken und in einer Bratpfanne ohne Fett rösten. In einen Mörser geben. Chilischoten längs halbieren, Kerne entfernen und die Schoten klein schneiden. Chili und Knoblauch zu den Mandeln geben und mit dem Mörser fein zerstossen. Tomaten entkernen und klein schneiden. Tomaten, Kräuter, Essig und Öl zugeben. Alles mit einem Schwingbesen zu einer sämigen Sauce rühren. Pikant abschmecken.

2 Für das Gemüse das Karottenkraut auf 2–3 cm kürzen. Karotten in kochendem Salzwasser 4–5 Minuten knackig weich kochen. Kalt abschrecken und gut abtropfen lassen.

3 Frühlingszwiebeln auf dem Grill oder in einer beschichteten Grillpfanne ohne Fett rundherum unter häufigem Wenden ca. 10 Minuten rösten, bis sie gar sind. Mit den Karotten auf einer Platte anrichten.
Salbitxada-Sauce separat dazu servieren.

TIPPS
Schneller ist die *salbitxada* mit dem Stabmixer zubereitet. Das traditionelle Zerstossen der Zutaten garantiert allerdings die richtige Sämigkeit der typischen Sauce. Sie passt auch zu gebratenen Peperoni, Lauchstangen oder Gemüsezwiebeln.

Ensalada de pescado y mariscos
Fischsalat mit Meeresfrüchten

KATALONIEN

Für 6–8 Personen als Tapas
Für 4 Personen als Vorspeise

Salat:

250 g Knurrhahn oder Seeteufel

12 Venusmuscheln

12 Miesmuscheln

4 kleine Sepias, küchenfertig

12 Krevetten, roh, geschält, mit Schwanz

2 dl Weisswein, z.B. Chardonnay

1 dl Gemüsebouillon

0,75 dl Olivenöl

Vinaigrette:

je ¼ gelbe, rote und grüne Peperoni

2 Fleischtomaten

2 Knoblauchzehen, gehackt

2 EL Sherry-Essig

1 EL Zitronensaft

Salz, Pfeffer aus der Mühle

1 Für die Vinaigrette die Peperoni in kleine Würfel schneiden. Tomaten kreuzweise einschneiden, in kochendes Wasser tauchen, bis sich die Haut zu lösen beginnt. Tomaten schälen, vierteln, entkernen und das Fleisch ebenfalls in kleine Würfel schneiden.

2 Für den Salat Fisch in 2–3 cm grosse Stücke schneiden. Geöffnete Muscheln wegwerfen, die restlichen wenn nötig entbarten und unter fliessendem Wasser waschen. Tintenfische und Krevetten abspülen und gut trocknen. Wein und Bouillon in einer kleinen Pfanne aufkochen. Erst den Fisch in den Sud geben und kurz vor dem Siedepunkt 3–4 Minuten gar ziehen lassen. Herausheben und mit etwas Olivenöl beträufeln. Tintenfische und Krevetten in den kochenden Sud geben und unter dem Siedepunkt 2–3 Minuten gar ziehen lassen. Herausnehmen und zum Fisch geben. Mit Öl beträufeln. Am Schluss die Muscheln in den Sud geben und zugedeckt kochen, bis sie sich öffnen. Geschlossene Muscheln aussortieren und wegwerfen. Geöffnete zum Fisch geben und mit Öl beträufeln.

3 In einer weiten Bratpfanne 2 EL Öl erhitzen. Vorbereitete Vinaigrette-Zutaten und Knoblauch andünsten. Mit Essig und Zitronensaft ablöschen. Fisch und Meeresfrüchte zugeben und alles nur noch gut schwenken. Mit Salz und Pfeffer abschmecken. Auf Tellern anrichten. Mit dem restlichen Olivenöl beträufeln. Lauwarm servieren.

TIPP
Ein guter Fischhändler wird stets einige Muscheln mehr als verlangt einpacken, da immer beschädigte Exemplare darunter sind und so am Schluss die richtige Menge in die Pfanne bzw. auf den Teller gelangt.

Albóndigas con tomate
Fleischbällchen mit Tomatensalsa

ARAGONIEN

Für 4 Personen als Tapas

Fleischbällchen:
1 Weggli
0,5 dl Wasser, heiss
2 Zwiebeln, gehackt
3 Knoblauchzehen, gehackt
1 EL Olivenöl
400 g Hackfleisch vom Lamm, Rind oder gemischt
4 Zweige Thymian, gehackt
4 Zweige Rosmarin, gehackt
2 Zweige Petersilie, gehackt
2 EL Paprika, mild
Salz, Pfeffer aus der Mühle
Paniermehl zum Wenden
Olivenöl zum Braten
2 Zweige Thymian für die Garnitur

Sauce:
2 EL Olivenöl
1 EL Tomatenpüree
1 Dose Tomaten, gehackt, 200 g
1 Prise Rohzucker
1 Ei, hartgekocht

1 Für die Bällchen Weggli fein zerzupfen, mit Wasser übergiessen und stehen lassen. Das weiche Brot fein hacken. Von den Zwiebeln und dem Knoblauch 2 EL für die Sauce beiseite stellen. Rest in Öl bei kleiner Hitze andünsten. In eine Schüssel geben. Hackfleisch, alle Kräuter und das Weggli zur Zwiebel-Knoblauch-Mischung geben. Den Fleischteig sehr gut durchkneten. Mit Paprika, Salz und Pfeffer pikant würzen. Daraus baumnussgrosse Kugeln formen und im Paniermehl wenden. Ruhen lassen.

2 Für die Sauce Olivenöl in einer Pfanne erhitzen. Beiseite gestellte Zwiebeln, Knoblauch und das Tomatenpüree im Öl anrösten. Tomaten beigeben. Mit Salz, Pfeffer und Zucker würzen. Bei kleiner Hitze zu einer dicken Sauce einkochen. Abschmecken. Das Ei schälen und grob würfeln.

3 Während die Sauce kocht, die Fleischbällchen im Öl bei mittlerer bis guter Hitze rundum ca. 15 Minuten goldbraun braten. Zum Servieren Albóndigas in die Sauce setzen. Ei darüber streuen. Mit Thymian garnieren.

TIPP
Die Bällchen schmecken auch als Hauptgang direkt in der Tomatensauce serviert, zum Beispiel mit Artischockenreis (s. S. 56).

Sopa de bacalao fresco y verduras

Kabeljau-Suppe mit Gemüse

KATALONIEN

Für 4 Personen

400 g Kabeljaufilets

Salz, Pfeffer aus der Mühle

½ Peperoncino, rot

16 kleine Morcheln, getrocknet, ca. 20 g

1 kleiner Kohlrabi

50 g Kefen

8 dl Gemüsebouillon

4 dl Cava (spanischer Schaumwein), z.B. Freixenet

2 Zweige Oregano

1 Kabeljau in schöne Stücke schneiden. Mit Salz und Pfeffer würzen. Peperoncino in feine Ringe schneiden und entkernen. Mit dem Fisch mischen. Kühl stellen.

2 Morcheln in reichlich Wasser einweichen. Unter fliessendem Wasser abspülen, bis das Wasser klar bleibt. Pilze gut abtropfen lassen.

3 Kohlrabi in Schnitze schneiden. Mit Kefen und Morcheln in der Bouillon knackig weich kochen. Herausheben und in vorgewärmte Suppenschalen verteilen.

4 Bouillon absieben. Davon 4 dl abmessen und mit dem Cava aufkochen. Fischstücke samt Peperoncino beigeben. Kurz vor dem Siedepunkt 4–5 Minuten gar ziehen lassen. Kabeljau vorsichtig herausheben. Auf dem Gemüse anrichten. Bouillon nochmals aufkochen. Mit Salz und Pfeffer abschmecken. Über das Gemüse und den Fisch geben. Mit Oreganoblättchen bestreuen und sofort servieren.

TIPPS
Dazu passt hervorragend das *pan candeal* (s. S. 70). Anstelle von Kabeljaufilets kann die Suppe auch mit Seeteufel, Lachs oder mit Kabeljaubäggli zubereitet werden. Das Gemüse lässt sich je nach Saison anpassen: Zum Beispiel im Sommer Zucchetti, Tomaten und Patisson, im Winter Sellerie, Karotten und Lauch.

Jabalí a la cazadora
Wildschwein-Entrecôte mit Pilzen

ARAGONIEN

Für 4 Personen

Zum Einlegen:
2 Karotten
2 grosse Zwiebeln
1 Wildschwein-Entrecôte mit Knochen, ca. 1,2 kg
1 Tannenzweiglein, klein oder 2 Lorbeerblätter
3 Gewürznelken
1 Zweig Thymian
½ TL Pfefferkörner
7,5 dl Rioja (Rotwein)
0,5 dl Rotweinessig

Zum Fertigstellen:
40 g Pilze, getrocknet, z.B. Steinpilze, Totentrompeten und Champignons
2 Tomaten
0,5 dl Olivenöl
Salz, Pfeffer aus der Mühle
2 Knoblauchzehen, gehackt
300 g Kartoffeln, fest kochend
¼ Knollensellerie, ca. 100 g

1 Ein bis zwei Tage im Voraus: Karotten in 2 cm grosse Stücke schneiden. Zwiebeln grob schneiden. Mit dem Fleisch und den Gewürzen (inkl. Tannenzweig) in eine Steingut- oder Glasschüssel geben. Mit Rotwein und Essig übergiessen. Das Fleisch sollte gut bedeckt sein. Bei Raumtemperatur zugedeckt 12 Stunden oder im Kühlschrank 1½ Tage marinieren.

2 Am Zubereitungstag: Fleisch aus der Marinade heben, Marinade beiseite stellen. Fleisch in ein sauberes Tuch wickeln und 1 Stunde ruhen lassen. Pilze in reichlich Wasser einweichen, abgiessen und gut abtropfen lassen. Tomaten vierteln, entkernen und in 1 cm breite Streifen schneiden.

3 Öl in einem weiten Bräter erhitzen. Wildschwein darin auf allen Seiten je 30–45 Sekunden scharf anbraten. Erst dann salzen und pfeffern. Pilze, Tomaten und Knoblauch beigeben und mitbraten. Rotweinmarinade samt Gemüse nach und nach dazugiessen. Mit Salz und Pfeffer würzen. Ungedeckt bei mittlerer Hitze 15 Minuten leise köcheln.

4 Kartoffeln und Sellerie in Stücke schneiden. Zum Fleisch geben. Alles nochmals 15 Minuten köcheln. Das Fleisch aus der Sauce nehmen und in Alufolie wickeln. Die Sauce bei guter Hitze einkochen, bis sie etwas bindet. Abschmecken. Fleisch tranchieren. Sauce samt Kartoffeln und Sellerie auf vorgewärmte Teller oder auf eine Platte geben. Fleisch darauf anrichten.

TIPPS
Wildschwein-Entrecôte mit Knochen beim Metzger vorbestellen. Anstelle des Wildschweins kann auch ein Rindsbraten nach diesem aromatischen Rezept zubereitet werden. Die Schmorzeit des Fleischstücks im gedeckten Bräter verlängert sich dann um ca. 1 Stunde.

Conejo con lubrigante
Kaninchenschenkel mit Hummer

KATALONIEN

Für 4 Personen

2 Tomaten

4 Kaninchenschenkel, ca. 800 g

0,5 dl Olivenöl

Salz, Pfeffer aus der Mühle

1 grosse Zwiebel, gehackt

2 Knoblauchzehen, gehackt

1,25 dl süsser Weisswein

2,5 dl Geflügelfond

1 Lorbeerblatt

1 EL Mandeln, geschält, gemahlen

1 EL Paniermehl

1 EL Kakaopulver

einige Safranfäden

1 EL Brandy

2 Hummer, gekocht, tiefgekühlt, aufgetaut

1/2 Bund glatte Petersilie, gehackt

1 Tomaten vierteln, entkernen und in kleine Würfel schneiden. Kaninchenschenkel in 2 EL Öl rundum kräftig anbraten. Salzen und pfeffern. Tomaten, Zwiebeln und Knoblauch beigeben und kurz mitbraten. Mit Wein und Fond ablöschen. Lorbeerblatt zufügen. Zugedeckt 10 Minuten bei kleiner Hitze schmoren.

2 In der Zwischenzeit Mandeln, Paniermehl, Kakao, Safran und Brandy mit dem restlichen Öl verrühren. In den Schmorsaft einrühren und 10 Minuten mitgaren.

3 Hummerschwanz vom Kopf drehen. Mit Hilfe einer Geflügelschere die beiden Hummerschwänze längs halbieren. Den Darmfaden entfernen. Die Scheren öffnen und das Fleisch auslösen. In schöne Stücke schneiden. Schwanzstücke und Scherenfleisch zum Kaninchen geben und nur noch gut heiss werden lassen. Mit Salz und Pfeffer abschmecken.

4 Petersilie kurz vor dem Servieren daruntermischen. Kaninchen mit dem Hummer auf vorgewärmten Tellern anrichten und mit Sauce überziehen. Sofort servieren.

TIPPS

Ist die Schmorflüssigkeit zu dünnflüssig, die Sauce ungedeckt bei grosser Hitze auf die gewünschte Konsistenz einkochen lassen. Anstelle von Hummer können auch Riesenkrevetten oder kleine Krevetten mitgekocht werden. Die Garzeit entsprechend anpassen.

Arroz con alcachofas
Reis mit Artischocken

KATALONIEN

Für 4 Personen als Beilage
Für 2 Personen als Mahlzeit

5 dl Gemüsebouillon
200 g Reis, z.B. Vialone
8 kleine Artischocken, frisch
½ Zitrone, Saft
2 EL Olivenöl
2 Knoblauchzehen, gehackt
1½ Bund gemischte Kräuter, gehackt, z.B. Petersilie, Minze, Rosmarin, Thymian

1 Bouillon aufkochen. Reis beigeben und 10 Minuten kochen lassen.

2 Die Artischocken oben und unten anschneiden. Aussenblätter grosszügig entfernen. Gemüse halbieren. Heu entfernen. Je nach Grösse nochmals halbieren. Artischocken rundum mit Zitronensaft einreiben, damit sie sich nicht braun verfärben.

3 Artischocken im Öl andünsten. Knoblauch und Kräuter beigeben und mitdünsten. Mit Salz und Pfeffer würzen. Alles unter den Reis heben. Reis mit den Artischocken ca. 12 Minuten fertig kochen. Vor dem Servieren auf der ausgeschalteten Herdplatte noch 5 Minuten ziehen lassen.

TIPPS
Schneller zum Ziel führen eingelegte Artischocken aus dem Glas. Für Knoblauch-Liebhaber: Ganze Knoblauchzehen längs halbieren und mit den Artischocken braten.

Crema catalana con albaricoques
Karamellisierte Creme mit Aprikosen

KATALONIEN

Für 4 Personen

Creme:
115 g Zucker
3 Eigelb
1 TL Maisstärke, gehäuft
1 Zimtstange
3 dl Milch
0,75 dl Rahm
4 EL Rohzucker

Aprikosenkompott:
4 Aprikosen
20 g Zucker
2 EL Zitronensaft

1 Für das Kompott Aprikosen halbieren, entsteinen und in feine Schnitze schneiden. Mit Zucker und Zitronensaft in einer Pfanne zugedeckt erhitzen. Bei kleiner Hitze knapp weich kochen. Aprikosen ohne Saft in 4 Schalen von ca. 2,5 dl Inhalt verteilen.

2 In einer Pfanne für die Creme Zucker, Eigelb, Stärke, Zimt, Milch und Rahm verrühren. Die Creme unter ständigem Rühren zum Kochen bringen und ca. 1 Minute kochen lassen. Die Creme durch ein Sieb streichen. In die 4 Schalen verteilen. Im Kühlschrank auskühlen lassen.

3 Kurz vor dem Servieren mit Rohzucker bestreuen und mit einem Brenneisen (s. S. 40) oder mit einem Bunsenbrenner karamellisieren.

TIPP
Wer weder über ein Original-Brenneisen (s. S. 40) noch über einen Bunsenbrenner verfügt, karamellisiert die Creme unter dem auf 250 °C vorgeheizten Backofengrill – unbedingt daneben stehen, da der Karamellisiervorgang je nach Ofen sehr schnell geht!

Torta de almendras y patatas
Mandel-Kartoffel-Torte

KATALONIEN

Für eine Springform
von 26 cm Ø

500 g Kartoffeln,
mehlig kochend

250 g Mandeln, ganz,
geschält

500 g Zucker

6 Eier

Garnitur:
Puderzucker
Turrón (spanische Mandel-
spezialität, s. S. 41)

1 Kartoffeln in der Schale weich kochen.

2 In der Zwischenzeit die Mandeln mit 200 g Zucker in einem Cutter sehr fein mahlen. Restlichen Zucker mit den Eiern in der Küchenmaschine oder mit dem Mixer mindestens 10 Minuten zu einer hellen, dicken Creme aufschlagen.

3 Ofen auf 180 °C vorheizen. Einen Springformboden mit Backpapier belegen, Ring aufsetzen. Weiche Kartoffeln noch warm schälen. Durch ein Passevite direkt zur Eicreme treiben. Mandel-Zucker-Masse zugeben und alles sorgfältig mit einem grossen, weichen Schwingbesen unterziehen. Teig in die Form geben. In der unteren Ofenhälfte ca. 1 Stunde backen.

4 Herausnehmen und 5 Minuten ruhen lassen. Rand mit einem Messer vorsichtig lösen und den Springformrand entfernen. Torte auf einem Gitter auskühlen lassen. Vor dem Servieren mit Puderzucker bestäuben und mit Turrón garnieren.

TIPPS
Die Torte ist dank den Kartoffeln sehr feucht und hält sich in Folie verpackt mehrere Tage. Die Teigmenge ergibt auch 2 kleinere Törtchen von 18 cm Ø.

DAS ZENTRUM

Madrid – Kastilien und León – Kastilien-La Mancha – Extremadura

Safran und Prinzessin

Jeden Oktober geschieht in Kastilien-La Mancha das kleine Wunder: Über Nacht öffnen die Safran-Krokusse ihre Blüten. Wie mit einem Zauberstab berührt, sind frühmorgens die Felder in den weiten Ebenen plötzlich überzogen mit dem zarten Lila der Blüten. Dann stehen viele Männer und Frauen gebückt in den Feldern und pflücken in mühseliger Arbeit die Narben der Krokusse. Das muss rasch gehen, denn mit der aufkommenden Hitze des Tages schliessen die Blumen ihre Kelche wieder. Für ein Gramm Safranfäden werden die Narben von 200 Blüten benötigt. Entsprechend lohnt sich der Anbau von Safran, dem edlen Gewürz mit dem unverkennbaren Geschmack. In früheren Zeiten wurde es mit Gold aufgewogen, auch heute wird es in der spanischen Küche verwendet, zum Beispiel in Suppen oder in der *paella* (s. S. 102).

Spanisches Schwein

Das Zentrum Spaniens nimmt mit den beiden Kastilien und der Extremadura gut die Hälfte des Landes ein. So karg diese Gegenden vor allem im Süden auch sind, sie bieten viele kulinarische Köstlichkeiten. Eine der kostbarsten Spezialitäten ist der Schinken aus der Region Extremadura. Die Schweine für den *jamón ibérico* fressen fast ausschliesslich die Früchte der Kork- und Steineichen, die sich hier zu riesigen Wäldern vereinen. Klar, dass das Schwein nicht nur Schinken hergibt, sondern auch Wurst; berühmt über die Landesgrenzen hinaus ist der *chorizo*. Die Paprika-Wurst schmeckt gut als *tapa*, auf Brot, in Suppen und Eintöpfen oder einfach gebraten mit Spiegelei und Kartoffeln.

Madrid, die Königliche

In der Mitte Spaniens liegt Madrid, *la real* («Die Königliche»). Die Madrilenen haben ein mildes Lächeln übrig für Barcelona, das behauptet, ihrer Stadt Konkurrenz machen zu können. Die beiden Städte stehen seit jeher in – letztlich freundschaftlicher – Konkurrenz. Barcelona kommt immer an zweiter Stelle, sagen die Madrilenen. Denn sie haben, was Barcelona nicht hat: die Aura des Königlichen. Hier residieren der König und die Königin in ihrem Palast. Die Köche der Königsfamilie hatten immer schon Einfluss auf die madrilenische Küche. Typisch ist daher für diese Küche eigentlich nur, dass nichts typisch ist. Denn hier fliessen alle Eigenheiten und Spezialitäten der spanischen Küche zusammen.

Seit dem Mai des Jahres 2004 ist Madrid um eine königliche Attraktion reicher: Prinzessin Letizia. Ihre Vermählung mit Prinz Felipe war das Ereignis des Jahres. Zwar war rund um die Hochzeit vor allem von der Schönheit der Prinzessin die Rede. Bemerkenswert war aber auch das Hochzeitsmahl, das zahlreiche Spitzenköche des Landes zubereiteten: Spitzen vom weissen Spargel aus Tudela mit Sommertrüffeln, Seeteufel auf Minzebett und Ravioli mit Tomate und Sherryessig, Entenbrust in leichter Rotweinmarinade und Zitronenpüree. Zum Dessert durften die Brautleute mit den Gästen rote Früchte mit Zitrussorbets und Schokolade geniessen. Ein sorgfältig komponiertes Menü aus spanischen Zutaten, aber ohne Pomp; der ist den Spaniern ohnehin fremd.

Plastikstühle und Würste

Der royale Einfluss auf die Restaurantkultur in der Hauptstadt ist spürbar. Viele Spitzenrestaurants pflegen die spanische Küche auf höchstem Niveau. Im Rest des Landes ist das oft anders, hier sind nicht das weisse Tischtuch oder edles Besteck die Insignien der guten Restaurants. Am besten isst man in kleinen Bars mit hauptsächlich männlichen Gästen, Plastikstühlen und mindestens einem TV-Apparat. Wenn dann noch die Decke voller Schinken und Würste hängt, kann man ziemlich sicher sein: Hier isst man gut!

Safran

Manchego

Chorizos

Chorizo
Die feste, eher grobkörnige geräucherte Paprika-Wurst aus Schweinefleisch (auch gemischt mit anderem Fleisch) gibt es dick und dünn, roh und geräuchert. Diese spanische Spezialität ist weltbekannt. Sie passt als *tapa* bestens zu Brot, verleiht Suppen mehr Farbe und schmeckt auch gebraten sehr gut.

Jamón ibérico/Pata negra
Der Schinken der iberischen Freilandschweine ist eine viel gerühmte spanische Delikatesse. Die Schweine ernähren sich hauptsächlich von Kräutern, Gras und Eicheln. Die beste Rasse der iberischen Schweine hat schwarze Füsse (*patas negras*) und gibt dem teuersten der spanischen Schinken den Namen, eben *pata negra*.

Kichererbsen
Die Kichererbsen kommen getrocknet in den Handel. Vor Gebrauch sollten sie ca. zwölf Stunden in kaltem Wasser eingeweicht werden. Diejenigen Erbsen, die im Einweichwasser an der Oberfläche schwimmen, sind nicht geniessbar.

Manchego
Der Hartkäse aus Schafmilch wird in verschiedenen Reifestadien angeboten: Frisch und weich kommt er als «*fresco*» nach 60 Tagen in den Handel. Als «*semi-curado*» ist er ca. sechs Monate alt und bereits etwas kräftiger. Der «*curado*» ist mehr als sechs Monate alt, hart und sehr aromatisch. In Spanien geniesst man den Käse meist nur mit einem Glas Rotwein.

Migas/Weissbrot
Wie der Reis in Asien oder die Pasta in Italien war das (Weiss-)Brot in Spanien einst der wichtigste Energielieferant. Noch heute wird es für *tapas* und Suppen verwendet, im einfachsten Fall dient eine Brotscheibe als Unterlage für eine kleine Speise. *Migas* sind eine Besonderheit in der spanischen Küche und

hinkenmesser

Olivenöl

Migas (Weissbrotwürfel)

heissen auf Deutsch «Brotkrümel». Oft sind es auch kleine bis mittlere Brotwürfel. Sie werden mit Paprika, Knoblauch und anderen Zutaten in Olivenöl gebraten. Für richtige *migas* sollte das Brot sehr trocken sein.

Olivenöl
Spanien ist mit rund 200 Millionen Olivenbäumen Europas Hauptproduzent von Olivenöl. Davon wird gut die Hälfte exportiert. Das aus den Oliven gewonnene Öl ist wichtiger Bestandteil der spanischen Küche. Es lässt sich zum Dünsten oder Kurzbraten, aber auch für kalte Gerichte verwenden.

Safran
Die Safran-Krokusse wachsen in Kastilien-La Mancha (s. S. 65). Safran darf man dem Gericht – zum Beispiel einer *paella* – nur in kleinsten Mengen beigeben, sonst kann das süssliche Aroma leicht ins Bittere kippen. Leider wird Safran oft durch *colorante* ersetzt, ein rein chemisches Färbemittel ohne Geschmack.

Schinken-Messer
Den ganzen Schinken mit Knochen spannt man in Spanien in die *jamonera* (Schinkenharfe) und schneidet ihn längs zur Faser. Bei uns ist er meist entbeint erhältlich (Bild), in diesem Fall schneidet man ihn quer zur Faser. Um hauchdünne Tranchen zu erhalten, ist ein «tranche lard»-Messer ideal. Es hat eine ca. 40 Zentimeter lange, flexible Klinge, die von oben bis unten durchgeschliffen ist.

Zucker/Puderzucker
Spanische Desserts sind meist süsser als die unsrigen. Das hat einen Grund: Der Zucker hat eine konservierende Wirkung – daher wird er in wärmeren Ländern etwas höher dosiert. In Spanien besonders beliebt ist Gebäck, das mit einer dicken Schicht Puderzucker bestäubt ist.

Gambas al ajillo
Knoblauch-Riesenkrevetten

Für 4 Personen als Tapas	Öl in einer weiten Bratpfanne erhitzen. Krevetten darin 2–3 Minuten anbraten. Mit Salz und Pfeffer würzen. Hitze reduzieren. Knoblauch beigeben und nur leicht Farbe annehmen lassen. Petersilie darüber streuen und Krevetten sofort servieren.
1 dl Olivenöl	
500 g Riesenkrevetten, roh, geschält mit, Schwanz	
Salz, Pfeffer aus der Mühle	
3–4 Knoblauchzehen, gehackt	
1 Bund glatte Petersilie, grob gehackt	

TIPP
Werden tiefgekühlte Riesenkrevetten verwendet, diese in kaltes Wasser legen und während einer Stunde auftauen lassen, dabei einmal das Wasser wechseln.

Pan candeal
Weissbrot

KASTILIEN UND LEÓN

Ergibt 4 Brote à ca. 175 g

15 g Hefe
2,5 dl Wasser, lauwarm
500 g Weissmehl
1 TL Salz
1 EL Olivenöl

1 Hefe in 0,5 dl Wasser auflösen. Mehl und Salz in einer Schüssel mischen. Eine Mulde eindrücken. Hefewasser in die Vertiefung geben und mit etwas Mehl vom Rand zu einem Vorteig verrühren. Dick mit Mehl bestäuben und ca. 20 Minuten gehen lassen, bis sich an der Oberfläche Risse bilden.

2 Restliches Wasser beigeben. Alles zu einem Teig zusammenfügen und mindestens 10 Minuten glatt und geschmeidig kneten. Zugedeckt bei Raumtemperatur um das Doppelte aufgehen lassen.

3 Den Teig in 4 Portionen teilen. Daraus lange, an den Enden spitz zulaufende Brote formen. Mit der Schere ein Muster einschneiden. Brote mit Wasser besprengen und weitere 15 Minuten aufgehen lassen. Ofen auf 250 °C vorheizen.

4 Brote mit Olivenöl bepinseln und in der unteren Ofenhälfte ca. 30 Minuten goldbraun backen. Auf einem Gitter auskühlen lassen.

TIPPS
Ein Leben ohne Brot ist für die meisten Spanier praktisch unvorstellbar. Das knusprige, lange Stangenbrot passt hervorragend zu allen *tapas* und ganz generell zum Essen – schliesslich kann man damit wunderbar all die feinen Saucen auftunken.
Und nicht zuletzt können eventuelle Brotreste für *migas* (geröstete Brotwürfelchen, s. S. 74) verwendet werden.

Tortillas
Eierkuchen

MADRID

Ergibt 3 Tortillas à 18 cm Ø

9 Eier

Salz, Pfeffer aus der Mühle

Olivenöl zum Braten

Spargel-Kräuter:

8 feine, grüne Spargeln

2 EL Kräuter, gehackt, z.B. Petersilie, Thymian

Geflügelleber-Salbei:

100 g Hühnerleber

4 Salbeiblätter

Sardinen-Spinat:

2–3 frische Sardinen

100 g Spinat

½ kleine Zwiebel, gehackt

1 Jeweils 3 Eier in einer Schüssel mit Salz und Pfeffer verquirlen. Ofen oder Wärmeschublade auf 70 °C vorheizen.

2 Spargel-Kräuter-Tortilla: Spargeln nur wenn nötig von der Mitte weg schälen. Leicht schräg in 2–3 cm lange Stücke schneiden. In wenig Salzwasser knapp weich kochen. Spargeln in einer beschichteten Bratpfanne (18 cm Ø) in wenig Öl dünsten. Kräuter unter eine Eimasse mischen und diese über den Spargel giessen. Bei kleiner bis mittlerer Hitze stocken lassen. Auf eine Platte stürzen und warm halten.

3 Geflügelleber-Salbei-Tortilla: Leber von Sehnen und Häutchen befreien. Salbei in feine Streifen schneiden. Leber in wenig Öl beidseitig kurz anbraten. Salzen und pfeffern. Salbei zufügen. Zweite Eimasse darüber giessen. Bei kleiner bis mittlerer Hitze stocken lassen. Auf eine Platte stürzen und warm halten.

4 Sardinen-Spinat-Tortilla: Sardinen dem Bauch entlang aufschneiden. Kopf abtrennen und samt Hauptgräte und Innereien entfernen. Fische in schöne Filets schneiden. Kalt abspülen. Vom Spinat die dicken Stiele entfernen. Zwiebel in wenig Öl dünsten. Tropfnasse Spinatblätter beigeben, zusammenfallen lassen. Mit Salz und Pfeffer würzen. Sardinen darauf auslegen. Dritte Eimasse darüber giessen. Bei kleiner bis mittlerer Hitze stocken lassen. Auf eine Platte stürzen und warm halten.

5 Zum Servieren die Tortillas in Kuchenstücke schneiden.

TIPP

Die klassische Variante, die praktisch in keinem Tapas-Lokal fehlt, ist die *tortilla de patatas* mit den in der Bratpfanne knapp weich gedünsteten Kartoffelscheiben. Am besten eignen sich hierfür mehlig kochende Kartoffeln. Genauso gut schmecken aber auch saisonale Varianten z.B. mit kurz gebratenen Zucchini und Peperonistreifen.

Migas a la extremeña
Geröstete Brotwürfelchen nach Art der Extremadura

EXTREMADURA

Für 4 Personen

250 g Weiss- oder Ruchbrot, altbacken
0,5 dl Milch
1 Zimtstange
1 Nelke
1 Lorbeerblatt
2 Chorizos, ca. 150 g
je ½ rote und gelbe Peperoni
0,5 dl Olivenöl
Salz
1 TL Paprika, mild
¼ TL Paprika, scharf
1 Knoblauchzehe, gehackt

1 Am Vortag: Milch mit den Gewürzen aufkochen und 10 Minuten stehen lassen. Gewürze entfernen. Brot in 2 cm grosse Würfel schneiden. Mit Milch beträufeln und über Nacht stehen lassen.

2 Am Zubereitungstag: Chorizos längs vierteln und in 1 cm dicke Scheiben schneiden. Peperoni entkernen, längs vierteln und in Streifen schneiden.

3 Öl in einer weiten Bratpfanne erhitzen. Brotwürfel darin auf allen Seiten bei mittlerer Hitze goldbraun und knusprig braten. Chorizos und Peperoni beigeben und mitbraten. Mit Salz und Paprika würzen. Am Schluss den Knoblauch beigeben und nur nochmals gut umrühren. Anrichten und nach Belieben heiss, lauwarm oder kalt servieren.

TIPP
Mit einem Salat ergeben die *migas* eine Mahlzeit für 2 Personen. Es gibt unzählige Varianten dieser feinsten Art, altes Brot zu verwerten.

Sopa de ajo
Knoblauchsuppe

KASTILIEN-LA MANCHA

Für 4 Personen

200 g Weiss- oder Ruchbrot, altbacken
1 TL Tomatenpüree
2 EL Olivenöl
4–6 Knoblauchzehen, gehackt
Salz
1–2 TL Paprika, scharf
1 l Gemüsebouillon
4 EL Tomatensauce (aus dem Glas)
4 Eier
1 Zweig glatte Petersilie für die Garnitur

1 Brot in 1–2 cm grosse Würfel schneiden. Mit Tomatenpüree im Öl bei mittlerer Hitze anrösten. Knoblauch zufügen und wenig Farbe annehmen lassen. Mit Salz und Paprika würzen. Mit Bouillon ablöschen. Bei kleiner Hitze zugedeckt ca. 5 Minuten köcheln. Ofen auf 200 °C vorheizen.

2 Suppe in 4 ofenfeste Tassen oder Schalen geben. Jeweils eine Vertiefung eindrücken, 1 EL Tomatensauce hineingeben. Je 1 Ei aufschlagen und vorsichtig darauf gleiten lassen. Eiweiss mit wenig Salz bestreuen. Die Suppe mit Paprika bestäuben und mit je einem Petersilienblatt belegen. In der Ofenmitte 10 Minuten überbacken. Sofort servieren.

TIPP
Die Suppe kann bereits 1 Tag im Voraus zubereitet und vor dem Servieren nur noch mit den aufgeschlagenen Eiern ergänzt und im Ofen überbacken werden.

Olla podrida
Kichererbsen-Eintopf mit Fleisch und Gemüse

KASTILIEN UND LEÓN

Für 4-6 Personen

200 g Kichererbsen, getrocknet
200 g Siedfleisch, mager
2 Schweinswädli, gesalzen, ca. 450 g
200 g Speck, mager, gesalzen
100 g Rohschinken, am Stück, z.B. Serrano-Schinken
1 Zwiebel
1 Lorbeerblatt
1 Nelke
2 Karotten
1 weisse Rübe
¼ Knollensellerie
1 Chorizo, ca. 75 g
2 Knoblauchzehen, gehackt
Salz, Pfeffer aus der Mühle

1 Am Vortag: Kichererbsen über Nacht (ca. 12 Stunden) in reichlich Wasser einweichen.

2 Am Zubereitungstag: Kichererbsen abgiessen. In viel Wasser 15 Minuten vorkochen. In ein Sieb abgiessen und in eine grosse Pfanne geben. Siedfleisch, Wädli, Speck und Schinken darauf auslegen. Mit soviel frischem Wasser aufgiessen, dass alles bedeckt ist. Aufkochen und zugedeckt 1 Stunde bei kleiner Hitze leise köcheln lassen.

3 In der Zwischenzeit die Zwiebel mit dem Lorbeerblatt und der Nelke bestecken. Karotten, Rübe und Sellerie leicht schräg in knapp 1 cm dicke Scheiben, Chorizo in 1 cm dicke Rädchen schneiden. Nach einer Stunde der Garzeit alle vorbereiteten Zutaten und den Knoblauch zum Kichererbsen-Eintopf geben. Mit Salz und Pfeffer würzen. Den Eintopf noch ca. 20 Minuten bei kleiner Hitze fertig kochen.

4 Zum Servieren Siedfleisch, Speck und Rohschinken tranchieren. Alle Zutaten mit wenig Flüssigkeit in einer vorgewärmten Schüssel anrichten.

TIPPS
Die restliche Kochflüssigkeit kann für eine Suppe oder eine Sauce verwendet werden. Sie eignet sich zum Beispiel für die *sopa de ajo* (s. S. 76). Die *olla podrida* kann bereits am Vortag fertig zubereitet und vor dem Servieren nur nochmals erwärmt werden.

Hígado encebollado
Kalbsleber mit Zwiebeln an Biersauce

MADRID

Für 4 Personen

3 Zwiebeln
2 TL Mehl
1 dl Olivenöl
Salz, Pfeffer aus der Mühle
2,5 dl Bier
1 TL Kalbsfondkonzentrat oder ½ Würfel Fleischbouillon
2 Zweige Pfefferminze
4 Kalbsleberschnitzel à ca. 140 g

1 Zwiebeln in feine Scheiben schneiden. Die Hälfte davon mit Mehl fein bestäuben. Olivenöl in einer kleinen Bratpfanne erhitzen. Bemehlte Zwiebeln darin goldbraun frittieren. Auf Haushaltpapier abtropfen lassen. Restliches Öl durch ein Sieb giessen und beiseite stellen. Pfanne ausreiben.

2 Vom abgesiebten Öl 3 EL in die Pfanne geben. Die restlichen Zwiebeln darin andünsten. Mit Salz und Pfeffer würzen. 10 Minuten bei kleiner Hitze weich dünsten und etwas Farbe annehmen lassen. Mit Bier ablöschen. Fond oder Bouillon einrühren. Die Sauce bei grosser Hitze einkochen, bis sie bindet. Mit Salz und Pfeffer abschmecken.

3 Von der Minze vier Blättchen für die Garnitur beiseite legen. Rest in feine Streifen schneiden. In einer zweiten Bratpfanne 1 EL des abgesiebten Olivenöls erhitzen. Leberschnitzel darin auf beiden Seiten ca. 2 Minuten braten. Erst dann salzen und pfeffern. Mit den Minzestreifen und der heissen Zwiebelsauce mischen. Leber auf vorgewärmten Tellern anrichten. Grosszügig pfeffern und mit den frittierten Zwiebelringen bestreuen. Mit Minzeblättchen garnieren. Sofort servieren.

TIPPS
Minze verleiht diesem Gericht eine spezielle, würzige Note. Besonders dekorativ: Die Schnitzel vor dem Braten einmal halbieren. Auch geschnetzelte Leber kann nach diesem Rezept zubereitet werden.

Queso manchego con higos
Schafkäse mit Feigen und Pinienkernen

KASTILIEN-LA MANCHA

Für 4 Personen
als Käse-Dessert

Für 2 Personen
als kleine Mahlzeit

1 dl Sherry, süss
50 g Honig
4 feste, frische Feigen
1 EL Pinienkerne
2 EL Mandeln, ganz, geschält
200 g Manchego,
(spanischer Schafskäse)

1 Sherry und Honig aufkochen. Etwas einkochen. Feigen längs vierteln. Kurz im Honig-Sherry pochieren. Vorsichtig herausheben. Flüssigkeit sirupartig einkochen.

2 In der Zwischenzeit Pinienkerne und Mandeln in einer Bratpfanne ohne Fett goldbraun rösten. Zum Honig-Sirup geben und über die Feigen giessen.

3 Käse dekorativ schneiden. Mit den Honig-Feigen und den Pinienkernen anrichten.

TIPP
Am besten schmecken die Honigfeigen lauwarm. Sie können fertig zubereitet vor dem Anrichten nochmals kurz erhitzt werden.

DER SÜDEN

Valencia – Murcia – Andalusien

Gewürze und Paella

Die flirrende Hitze im sommerlichen Südspanien zwingt den hektischen Alltag sozusagen in die Knie. Es herrscht ein anderer Rhythmus als bei uns. Über Mittag, wenn die Sonne den Asphalt fast zum Fliessen bringt, wird ausgiebig gegessen. Anschliessend gönnen sich die Südspanier ein paar Stunden Ruhe. Die Strassen sind fast menschenleer, die meisten Läden geschlossen. Zu Abend isst man erst, wenn die Luft etwas kühler ist, gegen halb zehn. Zwischendurch verschaffen sich die Kinder Abkühlung mit in Honig getunkten Gurken. Beliebt sind auch Glaces aus den *heladerías* (Eisdielen), die Dutzende von Glace-Sorten anbieten. Oder die *horchata de chufa*, ein Getränk aus gemahlenen Erdmandeln, die in Zitronenwasser und Zucker eingelegt werden. Durch ein Tuch gepresst, ergibt die Masse eine erfrischende Milch.

Arabischer Einfluss

Die Mandeln sind eines der Nahrungsmittel, das die Spanier den Arabern verdanken. Sie haben auch Kümmel, Zimt, Minze und Safran nach Andalusien gebracht. So sind viele Gerichte entstanden, die heute typisch spanisch sind: etwa Erbsen mit Minze. Auch zum *cordero* (s. S. 106), Lammbraten, der im Ofen geschmort wird, passen diese Gewürze wunderbar. Dazu schmecken die *cebollas con miel* (s. S. 92), Saucenzwiebelchen in einer Honig-Butter-Sauce.

Ein Ausflug in die Alpujarras, die grünen Ausläufer der Sierra Nevada, bringt ebenfalls etwas Abkühlung. Von hier kommt der berühmte *jamón serrano*, «einer der besten Schinken der Welt». Wer ihn einmal gekostet hat, stimmt dem Urteil der Spanier zu. Der wohl beste Serrano-Schinken stammt aus Trevelez, dem mit 1700 Metern ü. M. höchstgelegenen Dorf Spaniens. Von hier bietet sich eine atemberaubende Sicht über die grünen Täler mit Bächen und Flüssen, aus denen Forellen auf die Teller von so manchem Restaurant kommen.

Berühmtes Reisgericht

In der Region Valencia wird ein Nahrungsmittel angebaut, das nicht aus der spanischen Küche wegzudenken ist: der Reis. Aus diesem entsteht unter anderem die *paella* (s. S. 102), das valencianische Gericht schlechthin. Die Zutaten variieren; klassisch ist die Variante mit Huhn, Kaninchen oder magerem Schweinefleisch, grünen Bohnen, frischen Limabohnen, Tomaten, Olivenöl, Safran, Schnecken und Mittelkornreis. Sonntags ziehen die Familien mit Kindern, Tanten, Onkeln und Grosseltern aufs Land, wo die *paella* unter freiem Himmel über einem Holzfeuer zubereitet wird. Das ist eine Kunst für sich, denn damit sich am Boden der Paellapfanne die *socarrado* (Kruste) bildet – ohne sie fällt eine *paella* bei Kennern glatt durch –, muss die Temperatur möglichst konstant bleiben. Gerne übernehmen die Männer diese Aufgabe; so können sie einmal ausserhalb der Küche und damit des Regimes der Frauen ihre Kochkünste beweisen. Auch wenn die Touristen-Restaurants dieses Gericht meist als Abendessen anbieten, wird die *paella* eigentlich mittags zubereitet.

Gemüsebeet Europas

Wer sich in unseren Läden die Etiketten auf Gemüsepackungen genauer anschaut, liest darauf meist den gleichen Absender: Murcia. Diese Region ist das Gemüsebeet Europas und weniger für ein bestimmtes Gericht bekannt, als vielmehr für Tomaten, Zwiebeln, Salate, Kapern, Artischocken, Peperoni, Zucchini und Bohnen. Vereint werden diese Gemüse in der einfachen, leichten *olla*, einem Eintopf mit Kichererbsen, oder schlicht in *ensaladas*, in Salaten aus grob geschnittenen Gurken, Peperoni, Zwiebeln und Oliven, angerichtet mit einer einfachen Sauce aus Essig, Olivenöl, Salz und Pfeffer. Gegessen werden die Salate aus der *fuente*, einer Schüssel, aus der alle mit ihrer Gabel picken.

Frische Feigen

Serrano-Schinken

Granatäpfel

Frische Feigen
Reife Feigen sind grün, rosa, rot oder gelb und zuckersüss. Sind sie frisch, ist ihr Fruchtfleisch von kräftiger Farbe und die Haut ist prall. Sind sie verdorben, ist das Fleisch dunkel und die Haut ist sehr druckempfindlich. Feigen können zu Fleisch, Käse und als Dessert serviert werden, zum Beispiel in Rotwein gedünstet oder als Feigenbrot.

Granatäpfel
Granatäpfel sind von aussen gelblich-braun, gelb-orange oder dunkelrot. Die Kerne können rosafarben bis tiefrot sein und schmecken süss-sauer. Sie lassen sich aus der Schale löffeln; der Saft verfeinert Wild- und Geflügelgerichte. Reife Früchte klingen beim Draufklopfen «metallisch». Im Kühlschrank sind sie bei 0 bis 5 Grad mehrere Wochen haltbar. Die Früchte können dabei schrumplig werden, das Innere aber bleibt saftig. Der Saft färbt stark und lässt sich aus Kleidern nur schwer herauswaschen.

Kapern
Kapern, die Blütenknospen des Kapernstrauches, sind in der spanischen Küche gebräuchlicher als bei uns. Frisch geerntet kommen sie für zwei Monate in eine Salzlake, dann werden sie in Essig eingelegt. Auf den Märkten sind sie nach Grösse sortiert zu finden: die kleinsten sind die zartesten und aromatischsten. Man braucht sie vor allem als Gewürz in warmen Gerichten. Die grossen Kapernäpfel sind etwas zäher und günstiger. Sie werden meist separat serviert, zum Beispiel als *tapas*.

Paellapfanne
Paella (auch *paellera*) ist die Bezeichnung für die Pfanne, in der das spanische Nationalgericht gekocht und aus der es traditionellerweise auch gleich gegessen wird. Es handelt sich um eine leichte Metallpfanne mit weitem Boden – so kann sich die Hitze gleichmässig verteilen – und mit mittelhohem Rand.

aellapfanne

Zitrusfrüchte

Sherry

Reis
In Spanien werden meist Reissorten mit mittelgrossem Korn verwendet, da diese viel Wasser aufnehmen können. Das macht sie geeignet für *paella*, Milchreis oder Suppen. Damit der Reis beim Kochen nicht aufspringt, sollte man ihn nach dem Andünsten mit heisser Flüssigkeit ablöschen und bei mittlerer Hitze garen.

Serrano-Schinken
Der Schinken von andalusischen weissen Schweinen wird mit Meersalz gepökelt und mindestens zwölf Monate luftgetrocknet. Er eignet sich auch zum Kochen, sein mildes Aroma rundet die Speisen harmonisch ab.

Sherry
Sherry ist ein trockener Weisswein, der mit Branntwein verstärkt wird. Während des Reifungsprozesses durchläuft er das «Solera-Verfahren»: Mehrere Fässer werden übereinander gestapelt. Zuunterst ist der älteste, zuoberst der jüngste Wein. Für den Verkauf wird Wein aus dem untersten Fass entnommen. Die Menge wird mit Wein aus dem darüberliegenden Fass ersetzt. In das oberste Fass wird Jungwein nachgegossen. So durchläuft der Sherry während der Gärung ein konstantes Verschnittverfahren. Die Fässer werden nicht ganz verschlossen, so bildet sich der so genannte Flor, der die Oxidation des Weins verhindert und ihm Nährstoffe zuführt. Es gibt zwei Gruppen von Sherry: Olorosos (dunkel, süss) und Finos (hell, trocken), zu letzterem gehören Manzanillas (sehr fein) oder Amontillados (weich, dunkel).

Zitrusfrüchte
Das Klima der Region Valencia ist ideal für Zitrusfrüchte. Plantagen prägen die Landschaft. Jährlich werden rund zwei Millionen Tonnen Orangen von Hand geerntet. Daneben wachsen auch Mandarinen, Clementinen und Zitronen. Orangen werden für Fisch-, Fleisch- und Süssspeisen verwendet.

Boquerones en vinagre
Eingelegte Sardellen

ANDALUSIEN

Für 4 Personen als Tapas

500 g frische Sardellen, ganz
1,25 dl Weissweinessig
6 Knoblauchzehen
1 Bund glatte Petersilie, grob gehackt
Salz, Pfeffer aus der Mühle
Olivenöl zum Beträufeln

1 Am Vortag: Sardellen dem Bauch entlang aufschneiden. Den Kopf sorgfältig samt der Hauptgräte und den Innereien entfernen. Die beiden Filets längs halbieren, dabei evtl. Flossenreste wegschneiden. Mit der Hautseite nach unten in eine flache Schale legen. Essig darüber giessen und mit so viel kaltem Wasser auffüllen, dass die Filets bedeckt sind. 24 Stunden zugedeckt im Kühlschrank marinieren.

2 Am Zubereitungstag: Mindestens 1–2 Stunden vor dem Servieren die Sardellen aus der Marinade heben und auf einer Platte anrichten. Knoblauchzehen in feine Scheiben schneiden. Mit der Petersilie über die Filets streuen. Mit Salz und Pfeffer würzen. Mit reichlich Öl beträufeln. 1–2 Stunden ziehen lassen.

TIPPS
Dazu passen das knusprige *pan candeal* (s. S. 70), Weissbrot oder Parisette. Zugedeckt halten sich die *boquerones* im Kühlschrank 1–2 weitere Tage.

Cebollas con miel
Honig-Zwiebelchen

ANDALUSIEN

Für 4 Personen als Tapas

500 g Saucenzwiebeln
Salz
50 g Butter
30 g Honig, flüssig
2 Nelken
¼ TL Kreuzkümmel, ganz
2 Prisen Muskatnuss, frisch gerieben
¼ TL Safranfäden
Pfeffer aus der Mühle

1 Zwiebeln ungeschält im siedenden Salzwasser 1 Minute blanchieren. In ein Sieb abgiessen und in Eiswasser kalt abschrecken. Zwiebeln am Wurzelansatz anschneiden und aus der Schale pressen.

2 Butter in einer Pfanne aufschäumen. Honig und Gewürze zufügen. Kurz aufkochen. Zwiebeln beigeben. Zugedeckt bei kleiner Hitze 30–45 Minuten (je nach Grösse der Zwiebeln) schmoren lassen. Eventuell am Schluss noch ungedeckt einkochen, bis die Flüssigkeit schön bindet und sich im Aroma intensiviert. Mit Salz und Pfeffer abschmecken.

TIPPS
Die marinierten Zwiebelchen schmecken auf einem Salat oder lauwarm als Beilage zu Fleisch oder Fisch.
Sind keine Saucenzwiebelchen erhältlich, können auch kleine Schalotten nach diesem Rezept zubereitet werden.

Ensalada de tomates
Tomatensalat

MURCIA

Für 4 Personen

Salat:
4 Tomaten
8 Cherrytomaten
100 g Tomaten, getrocknet, in Öl eingelegt (Abtropfgewicht)
2 Cecei (längliche, weissgelbe Peperoni)
2 EL Kapern
¼ Eisbergsalat
1 Dose Thon, 155 g (Abtropfgewicht)

Sauce:
1 Knoblauchzehe, gepresst
2 EL Sherry-Essig
1 EL Weissweinessig
6 EL Olivenöl
Salz, Pfeffer aus der Mühle

1 Für die Sauce Knoblauch, Essig und Öl zu einer sämigen Sauce rühren. Mit Salz und Pfeffer würzen.

2 Tomaten in Scheiben schneiden. Cherrytomaten vierteln. Getrocknete Tomaten aus dem Öl heben und gut abtropfen lassen. Je nach Grösse längs halbieren oder vierteln. Cecei längs halbieren, entkernen und in feine Streifen schneiden. Tomaten und Kapern unter die Sauce mischen. 1 Stunde durchziehen lassen.

3 Eisbergsalat in Streifen schneiden und auf Tellern oder auf einer Platte auslegen. Tomatensalat darauf anrichten. Thon gut abtropfen lassen und darauf verteilen.

TIPPS
Kalte Speisen werden gerne in einem Bett von feinen Salatstreifen serviert, damit die Sauce nicht davonfliesst. Für eine vegetarische Variante anstelle von Thon Käsewürfel (zum Beispiel *manchego*) über den Salat streuen. In kleinen Schälchen angerichtet und mit Zahnstochern serviert, kann der Salat auch als *tapa* angeboten werden.

Ensalada de patatas veraniega
Kartoffelsalat an Sherry-Vinaigrette

ANDALUSIEN

Für 4 Personen

600 g kleine, neue Kartoffeln
250 g Cherrytomaten
1 Salatgurke, klein
1 gelbe Peperoni
12 schwarze, spanische Oliven, ohne Stein

Sauce:

2 EL Zucker
0,5 dl Sherry
1 Bio-Zitrone
3 EL Sherry-Essig
6 EL Olivenöl, extra vergine
Salz, Pfeffer aus der Mühle

1 Kartoffeln in der Schale weich kochen.

2 In der Zwischenzeit für die Sauce Zucker in einer Chromstahlpfanne karamellisieren. Mit Sherry ablöschen und bei grosser Hitze sirupartig einkochen. Zitronenschale mit dem Zestenmesser in dünnen Streifen abziehen. In kochendem Wasser 1 Minute blanchieren, abgiessen und kalt abschrecken. Zitronensaft auspressen. Mit Essig, Öl, Zesten und Sherrysirup verrühren. Sauce mit Salz und Pfeffer würzen. Gekochte Kartoffeln möglichst heiss halbieren und direkt in die Sauce geben. 1 Stunde ziehen lassen.

3 Cherrytomaten halbieren. Gurke nach Belieben schälen. In feine Scheiben schneiden. Peperoni halbieren, entkernen und in kleine Würfel schneiden. Oliven in Scheiben schneiden. Alles zum Kartoffelsalat geben und sorgfältig mischen. Mit Salz und Pfeffer abschmecken. Vor dem Servieren 10 Minuten durchziehen lassen.

TIPPS
Dieser farbenfrohe Salat lässt sich gut bereits am Vortag zubereiten. Dann können die Kartoffeln die ganze Würzkraft der Vinaigrette aufnehmen. Damit die Gemüse frisch und knackig bleiben, sie erst am Serviertag beigeben. Der Salat passt gut zu grillierten *chorizos* oder pikant marinierten Grilladen.

Sopas frías
Kalte Suppen

ANDALUSIEN

Für je 4 Personen

Knoblauch-Melonen-Suppe

50 g Pinienkerne
2 Scheiben Toastbrot
1 Galia-Melone
2 Knoblauchzehen
50 g Mandelstifte
2 EL Weissweinessig
2 EL Olivenöl
½–1 TL Paprika, scharf
1½ TL Salz
2 Prisen Zucker
1 dl Gemüsefond
Tabasco

Gazpacho andaluz

1 rote Peperoni
½ Salatgurke
2 Scheiben Toastbrot
350 g Tomaten
2 Knoblauchzehen
2 dl Milch-Wasser (halb-halb)
1 EL Ketchup
3 EL Mayonnaise
1 TL Olivenöl
1 TL Sherry-Essig
½ TL Zucker
Salz, Pfeffer aus der Mühle
1 TL Paprika, mild

1 Am Vortag: Für die Melonensuppe Pinienkerne in einer beschichteten Bratpfanne ohne Fett goldbraun rösten. 1 EL für die Garnitur beiseite stellen. Toastbrot entrinden und klein schneiden. Melone halbieren, entkernen und mit einem Kugelausstecher 4–8 schöne Kugeln ausstechen. Für die Garnitur zugedeckt kühl stellen. Restliches Melonenfleisch aus der Schale lösen und kleinschneiden. Alle Zutaten, ohne Melonenkugeln und Tabasco, gut durchrühren. Im Kühlschrank zugedeckt 24 Stunden durchziehen lassen.

2 Am Zubereitungstag: Zum Servieren die Melonenmasse mit dem Stabmixer oder im Mixerglas sehr fein pürieren. Mit Tabasco pikant abschmecken.

3 Suppe in gekühlten Gläsern oder Schalen anrichten. Mit Melonenkugeln, Pinienkernen und einigen Tropfen Tabasco garnieren.

1 Am Vortag: Für die Gazpacho Peperoni mit dem Sparschäler schälen. Gurke längs halbieren. Beide Gemüse entkernen. 1 Scheibe Toastbrot entrinden. Tomaten in Würfel schneiden. Vorbereitete Zutaten mit Knoblauch, Milchwasser, Ketchup, Mayonnaise, Öl, Essig und Zucker mischen. Mischung über Nacht kühl stellen.

2 Am Zubereitungstag: Zum Servieren die Suppe im Mixerglas oder mit dem Stabmixer pürieren. Wenn nötig mit etwas Wasser verdünnen. Mit Salz, Pfeffer und evtl. Paprika abschmecken. Bis zum Servieren 1 Stunde kühl stellen. Zweite Toastbrot-Scheibe toasten, in Würfelchen schneiden und vor dem Servieren als Garnitur über die Gazpacho streuen.

TIPPS
Die Melonensuppe, eine erfrischende Variante der klassischen Gazpacho, mit Wassermelonenkugeln oder mit gebratenen Riesenkrevetten oder Jakobsmuscheln servieren. Die *gazpacho andaluz* kann zusätzlich mit Ei-, Gurken-, Tomaten- und gelben Peperoniwürfelchen garniert werden.

Rape al limón y naranja
Seeteufel in Zitronen-Orangen-Sauce

VALENCIA

Für 4 Personen

12 Kapernäpfel

8 grüne, spanische Oliven, mit Peperoni gefüllt

2 Bio-Zitronen

2 Bio-Orangen

2 Knoblauchzehen, gehackt

Salz, Pfeffer aus der Mühle

4 TL Rohzucker

1 dl Wasser

4 EL Olivenöl

2,5 dl Weisswein

12 Seeteufelmedaillons à ca. 40 g

1 Kapernäpfel gut wässern. Oliven in dünne Scheiben schneiden.

2 Von den Zitronen und Orangen die Schale fein abreiben. Mit Knoblauch, Salz, Pfeffer und 2 TL Rohzucker in einen Mörser geben. Alles zu einer Paste zerstossen.

3 Je eine Zitrone und eine Orange oben und unten anschneiden und in je 8 dünne Scheiben schneiden. Die verbliebenen Früchte auspressen. Zitrussaft beiseite stellen. Wasser, 1 TL Zucker und ¼ TL Salz aufkochen. Zitrusscheiben darin 1 Minute blanchieren. Herausheben und beiseite stellen.

4 In einer kleinen Bratpfanne 2 EL Olivenöl erhitzen. Knoblauchpaste darin dünsten. Mit Weisswein und Zitrussaft ablöschen. Auf 1,5 dl einkochen. In einen hohen Becher geben und mit dem Stabmixer fein pürieren.

5 In einer weiten Bratpfanne restliches Öl erhitzen. Seeteufel darin auf beiden Seiten je 1–2 Minuten scharf anbraten. Salzen und pfeffern. Fisch herausnehmen. Kapern und Oliven zugeben und kurz anbraten. Zitrusscheiben beifügen. Diese mit dem restlichen Rohzucker bestreuen und leicht karamellisieren lassen. Mit der Knoblauchsauce ablöschen. Fisch nochmals hinein geben und nur noch gut heiss werden lassen. Mit Salz und Pfeffer abschmecken. Seeteufel mit der Sauce auf vorgewärmten Tellern anrichten und sofort servieren.

TIPPS
Orangen aus Valencia sind ausgesprochen saftig und fleischig. Daher eignen sie sich besonders gut zum Kochen. Werden die Früchte samt Schale verwendet, empfiehlt es sich, die Scheiben kurz zu blanchieren. Orangen erst kurz vor Ende der Garzeit beigeben.

Paella mixta
Reispfanne

VALENCIA

Für 6 Personen

6 Tomaten
1 dl Olivenöl
6 Riesenkrevetten, roh, ganz
Salz, Pfeffer aus der Mühle
je 6 Kalbs- und Schweins-Chorizos, roh, zum Braten
6 Pouletunterschenkel
1–2 Sepias, ca. 200 g
4 Knoblauchzehen, gehackt
1 Dose Mais (285 g Abtropfgewicht)
600 g Arborio-Reis
2 Briefchen Safranpulver oder 1 Dose Safranfäden
1,5–1,75 l Gemüsefond
300 g Erbsen

Sofrito:

1 Scheibe Toastbrot
1 Nora (spanische, getrocknete Paprikaschote) oder ¼ rote Peperoni
2 Knoblauchzehen, gehackt
2 EL Mandelstifte
1 dl Olivenöl
1 Bund Petersilie

1 Für den Sofrito Toast entrinden, in kleine Würfel schneiden. Nora zerdrücken oder Peperoni in Würfelchen schneiden. Zusammen mit dem Knoblauch und den Mandeln im heissen Öl goldbraun braten. Mit Salz und Pfeffer würzen. Auskühlen lassen. Mit Petersilienblättchen im Cutter grob mahlen. Beiseite stellen.

2 Für die Paella Tomaten vierteln, entkernen und in kleine Würfel schneiden. 1 EL Öl in einer Paellapfanne erhitzen. Krevetten anbraten. Salzen und pfeffern. Herausnehmen und zugedeckt warm halten.

3 4 EL Öl erhitzen. Chorizos und Poulet auf allen Seiten anbraten. Sobald die Chorizos goldbraun sind, herausnehmen. Sepias in 1 cm breite Streifen schneiden, zum Poulet geben und mitbraten. Mit Salz und Pfeffer würzen. Restliches Öl zufügen. Tomaten, Knoblauch, Mais und gut die Hälfte des Sofritos beigeben. Unter Wenden andünsten. Reis und Safran beigeben und glasig dünsten. Mit Fond ablöschen. Bei mittlerer Hitze ca. 20 Minuten kochen. Sobald der Reis al dente ist, Erbsen, Krevetten und Chorizos daruntermischen. Restlichen Sofrito darüber verteilen. Zugedeckt auf der ausgeschalteten Herdplatte 5 Minuten ziehen lassen.

TIPPS

Ofenvariante: *paella* 10 Minuten kochen, restliche Zutaten beifügen, bei 180 °C 25–30 Minuten fertig garen.
Der *sofrito* ist eine klassische «Gewürzbeilage» zur *paella*, passt aber auch zu anderen Gerichten, zum Beispiel zu Eintöpfen. Gerne wird die *paella* auch mit Muscheln (küchenfertig) angereichert. Diese ca. 15 Minuten vor Ende der Garzeit auf den Reis legen und im Dampf garen oder im Ofen 25–30 Minuten mitgaren. Muscheln, die nach dem Garen geschlossen bleiben, wegwerfen.

Pato con ciruelas pasas
Entenbrust mit Backpflaumen

ANDALUSIEN

Für 4 Personen

3,5 dl Sherry, trocken

100 g Backpflaumen, getrocknet, ohne Stein

2 grosse Entenbrüste à ca. 300 g

Salz, Pfeffer aus der Mühle

150 g Karotten

1 Zwiebel, gehackt

2 Knoblauchzehen, gehackt

60 g Speckwürfelchen

je 1 Zweig Thymian, Oregano und Petersilie, gehackt

1 Nelke

1 Lorbeerblatt

je 1 Prise Zimt und Muskat

4 dl leichter Geflügelfond

25 g Pistazienkerne, grob gehackt

1 Zweig Oregano

1 Am Vortag: 1 dl Sherry aufkochen. Über die Pflaumen giessen und zugedeckt über Nacht stehen lassen.

2 Am Zubereitungstag: Ofen auf 70 °C vorheizen. Ein mit Backpapier belegtes Blech einschieben. Die Entenbrüste auf der Fettseite mit einem scharfen Messer kreuzweise einschneiden. In einer Pfanne auf der Fettseite 3 Minuten, auf der anderen Seite 1 Minute scharf anbraten. Salzen und pfeffern. Mit der Fettseite nach oben auf das warme Blech geben und ca. 60 Minuten sanft garen.

3 In der Zwischenzeit die Karotten schräg in Scheiben schneiden. Verbliebenes Bratfett bis auf 2 EL mit Küchenpapier aufsaugen. Karotten, Zwiebeln, Knoblauch und Speck darin andünsten. Kräuter, Nelke, Lorbeer und Pflaumen samt Flüssigkeit beigeben. Mit Zimt und Muskat würzen. Mit restlichem Sherry und Fond ablöschen. Bei grosser Hitze die Sauce zur Hälfte einkochen, bis sie schön sämig bindet.

4 Zum Servieren Pistazien ohne Fettzugabe rösten. Entenbrüste schräg aufschneiden und mit der Sauce auf vorgewärmten Tellern anrichten. Mit Pistazien und Oreganoblättchen bestreuen. Sofort servieren.

TIPP
Das Gericht kann auch mit einer ganzen Ente zubereitet werden. Die küchenfertig vorbereitete Ente in einem Bräter rundum anbraten. Saucenzutaten im ausgetretenen Fett rösten, ablöschen und die Ente im auf 180 °C vorgeheizten Ofen ca. 1 Stunde schmoren. Hin und wieder mit dem Jus übergiessen. Evtl. die Sauce vor dem Servieren etwas einkochen, bis sie bindet.

Cordero a la moruna
Lammgigot nach Art der Mauren

ANDALUSIEN

Für 6 Personen

100 g Dörrfrüchte, z.B. Sultaninen, Datteln, Aprikosen

1 dl Sherry, trocken

1 Lammgigot mit Bein, ca. 2,2 kg

1 TL Zimt

1 TL Kreuzkümmelpulver

Salz, Pfeffer aus der Mühle

2 EL Olivenöl

2 rote Zwiebeln, gehackt

2 Knoblauchzehen, gehackt

2 Zimtstangen

5 dl Kalbsfond

30 g Mandeln, geschält, grob gehackt

1 Dörrfrüchte fein schneiden und im Sherry 15 Minuten einweichen.

2 Lammgigot mit Zimt, Kreuzkümmel, Salz und Pfeffer einreiben. 1 Stunde bei Raumtemperatur ruhen lassen.

3 Ofen auf 120 °C vorheizen. Öl in einem grossen Bräter mit Deckel erhitzen. Den Lammgigot bei grosser Hitze rundum scharf anbraten. Zwiebeln, Knoblauch und Zimtstangen zugeben und kurz mitbraten. Mit Fond ablöschen. Im Ofen zugedeckt ca. 1 1/2 Stunden schmoren lassen.

4 Mandeln und Dörrfrüchte samt Sherry in die Sauce rühren. Hitze auf 80 °C reduzieren und den Gigot weitere 1 1/2 Stunden schmoren. Vor dem Servieren den Gigot aus der Pfanne nehmen und in Alufolie wickeln. In der Zwischenzeit die Sauce bei grosser Hitze einkochen, bis sie etwas bindet. Mit Salz und Pfeffer abschmecken.

5 Den Gigot tranchieren, auf vorgewärmten Tellern anrichten und mit der Sauce überziehen.

TIPP
Ist die Tafel kleiner und ein ganzer Gigot zu gross, können auch Lammhaxen angebraten und nach dem gleichen Rezept zubereitet werden. Die Schmorzeit verringert sich dann auf ca. 1 Stunde.

Olla gitana
Gemüse-Eintopf nach Zigeunerart

MURCIA

Für 4–6 Personen

8 Birnen, getrocknet

100 g Soissons-Bohnen, getrocknet

100 g weisse Bohnen, getrocknet

100 g Kichererbsen, getrocknet

1 Lorbeerblatt

1 Nelke

1 Zwiebel

Salz

1 Karotte

1 Pfälzerrübe

500 g Kürbis

2 grosse Kartoffeln

150 g grüne Bohnen

125 g Butterbohnen

1 Chilischote, entkernt

2 Fleischtomaten

1 Zwiebel, gehackt

2 Knoblauchzehen, gehackt

2 EL Olivenöl

1–2 TL Paprika, scharf

1 Am Vortag: Birnen und Soissons-Bohnen separat, weisse Bohnen und Kichererbsen zusammen in kaltem Wasser über Nacht (ca. 12 Stunden) einweichen.

2 Am Zubereitungstag: Lorbeerblatt mit Nelke an die Zwiebel stecken. Soissons-Bohnenwasser abgiessen. In 5 dl frischem Wasser mit bestecker Zwiebel 30 Minuten kochen. Weisse Bohnen und Kichererbsen abgiessen und dazugeben. Weitere 30 Minuten kochen lassen. Dann die Bohnen mit Salz würzen.

3 Eingeweichte Birnen abgiessen und gut abtropfen lassen. Karotte und Rübe in Stängelchen schneiden. Kürbis und Kartoffeln in Würfel schneiden. Grüne und Butterbohnen halbieren. Nach einer Garzeit von 1 Stunde Birnen und vorbereitetes Gemüse und Chili zu den Bohnen geben. Zugedeckt weitere 20 Minuten köcheln. Besteckte Zwiebel entfernen.

4 Tomaten vierteln, entkernen und klein würfeln. Zwiebeln und Knoblauch im Öl andünsten. Tomaten beifügen und mit Salz, Pfeffer, Paprika pikant würzen. Zu einer dicken Sauce einkochen. Alles zum Gemüseeintopf geben und weitere 5–10 Minuten köcheln. Abschmecken.

TIPP
In Spanien schmort man in Eintöpfen oft auch Schweinsfüsschen und -öhrchen mit.

Flan de naranja
Orangen-Karamell-Flan

VALENCIA

Für 4 Formen à 2,5 dl Inhalt

200 g Rohzucker
0,5 dl Wasser
3 Eier
1 Eigelb
4 dl Orangensaft

Zum Fertigstellen:
½ Granatapfel
½ Orange

1 Am Vortag: 75 g Zucker und Wasser in einer weiten Pfanne aufkochen. Zu hellem Karamell einkochen. In 4 ofenfeste Formen verteilen und diese schwenken, damit sich der Karamell auch auf die Ränder verteilt.

2 Ofen auf 150 °C vorheizen. Reichlich Wasser aufkochen. Restlichen Zucker mit Eiern und Eigelb gut verrühren. Orangensaft aufkochen. Heiss unter Rühren zur Eimasse giessen. Masse durch ein Sieb streichen und in die Formen verteilen. Diese in eine ofenfeste Form stellen. In die Ofenmitte einschieben. Soviel kochendes Wasser in die Form giessen, dass die 4 Formen mindestens zu ²/₃ im Wasser stehen. Ca. 45 Minuten im Ofen pochieren. Herausnehmen und in der Form auskühlen lassen. Die Flans über Nacht zugedeckt in den Kühlschrank stellen.

3 Am Zubereitungstag: Zum Servieren Granatapfelkerne mit einem Löffel aus der Schale lösen. Orange in Scheiben schneiden. Die Flans mit einem Messerchen vom Formenrand lösen. Auf Teller stürzen und mit Granatapfelkernen und Orangenscheiben garnieren.

TIPPS
Dazu passt auch ein frischer Orangensalat. Als Förmchen eignen sich nicht nur Souffléformen; da beim Pochieren mit 150 °C eine relativ tiefe Ofentemperatur herrscht, können auch Tassen oder Schälchen verwendet werden.

Pan de higos
Feigenbrot

MURCIA

Für 1 Springform von
18 cm Ø oder 2 kleine
Springformen von 12 cm Ø

250 g Feigen, getrocknet
30 g Baumnüsse
30 g Haselnüsse
60 g Mandeln, ganz, geschält
½ TL Zimt
1 Bio-Orange
1 EL Grand Marnier
25 g Edelbitterschokolade
16 Mandeln, ganz, geschält

1 Feigen klein schneiden. Nüsse hacken. Mit Zimt in den Cutter geben. Orange heiss waschen, gut trocknen und die Schale dünn dazureiben. Grand Marnier beigeben. Schokolade bei kleinster Hitze schmelzen. Über die Feigenmischung verteilen. Alles im Cutter nicht zu fein zerkleinern.

2 Springformboden mit Backpapier belegen, Ring aufsetzen. Die Feigenmasse flach hinein drücken. Mandeln als Garnitur in die Masse drücken. Mit Klarsichtfolie abdecken. Feigenbrot im Kühlschrank ca. 12 Stunden fest werden lassen.

TIPPS
Das Feigenbrot eignet sich als Zwischenmahlzeit, auch auf Wanderungen oder Velofahrten, und schmeckt, in Kuchenstücke geschnitten, zum Kaffee. Gut in Folie verpackt ist das *pan de higos* bis zu 2 Monaten haltbar. Es wird einzig etwas fester in der Konsistenz.

Polvorones con frutas
Mandel-Schmalz-Gebäck mit Früchten

ANDALUSIEN

Für 4 Personen

**Polvorones
(Mandel-Schmalz-Gebäck):**
Ergibt ca. 35 Stück

150 g Mehl

100 g Mandeln, geschält, gemahlen

150 g Puderzucker

1 EL Zimt

1 Prise Salz

1 Bio-Zitrone

100 g Schweineschmalz oder weiche Butter

Puderzucker zum Bestäuben

Fruchtsalat:

1 Bio-Zitrone

1 dl Sherry, süss

50 g Zucker

600 g Saisonfrüchte, z.B. Erdbeeren, Brombeeren, Johannisbeeren und Heidelbeeren

1 Für das Mandelgebäck das Mehl in einer Bratpfanne ohne Fett leicht rösten, bis es gut riecht und ganz leicht Farbe annimmt. Mit Mandeln, Zucker, Zimt und Salz in einer Schüssel mischen. Zitronenschale fein dazureiben. Eine Zitronenhälfte auspressen. Zitronensaft und Schmalz zur Mehlmischung geben. Alles rasch zu einem Teig zusammenfügen. Baumnussgrosse Kugeln formen, auf ein mit Backpapier belegtes Blech geben und etwas flach drücken. 30 Minuten kühl stellen.

2 Ofen auf 175 °C vorheizen. Polvorones mit Puderzucker bestäuben. In der unteren Ofenhälfte ca. 12 Minuten backen. Noch warm erneut mit Puderzucker bestäuben. Auf dem Blech auskühlen lassen.

3 Für den Fruchtsalat Zitronenschale fein abreiben. Den Saft auspressen. Beides mit Sherry und Zucker in einer weiten Pfanne aufkochen. Bei guter Hitze zu Sirup einkochen. Auskühlen lassen. Früchte dekorativ schneiden. Mit dem Sirup mischen und vor dem Servieren mindestens 1 Stunde durchziehen lassen. Polvorones dazu reichen.

TIPP
Nicht ohne Grund verwenden die Spanier für ihre weltbekannten gebackenen Süssigkeiten Schweineschmalz. Die Spezialitäten werden dadurch unverwechselbar mürbe und fein im Geschmack. Die *polvorones* stammen ursprünglich aus Sevilla und sind eigentlich eine typische Weihnachtsspezialität. In Spanien serviert man sie einfach zu einer Tasse Kaffee.

DIE BALEAREN

Mallorca und Menorca

Engelshaar und Schokolade

Wo das Klima mild ist, die Sonne zuverlässig scheint und die Strände schier endlos sind, kommen sie in Scharen: die Touristen. Das ist auf der Baleareninsel Mallorca nicht anders. Der (Pauschal-)Tourismus ist seit den 70er-Jahren die Haupteinnahmequelle der Insulaner. Das hat sich auch auf die Gastronomie der Insel ausgewirkt. Vor den Restaurants in den Touristenzentren stehen Kellner und locken die Besucher in akzentfreiem Deutsch oder Englisch ins Lokal. Für die Älteren gibt es «Kaffee mit Kuchen um 16 Uhr», für die Jüngeren gratis *sangría* (s. S. 122), das Nationalgetränk aus Zitrusfrüchten und Rotwein.

Traditionen abseits der Touristenströme

Abseits der überbauten Küstengebiete zeigt Mallorca ein anderes Gesicht: unverbaute, fruchtbare Ebenen im Landesinnern, fast alpine Berge in der Sierra Tramuntana. Weitab von den Touristenströmen werden hier noch Traditionen gepflegt. Zum Beispiel das Fest, an dem die typisch mallorquinischen schwarzen Schweine geschlachtet werden. Wer kann, hält sich auf Mallorca eines oder zwei dieser Schweine. Das ganze Jahr über werden sie mit Eicheln, Feigen, Bohnen und Johannisbrot gemästet. Zum Schlachtfest im Winter kommen Freunde und Verwandte des Schweinebesitzers frühmorgens zusammen. Erst trinkt sich die Gesellschaft etwas Mut an, meist mit einem *carajillo*, einem starken, kleinen Kaffee mit einem Schuss Branntwein.

Beim Schlachten müssen alle mit anpacken. Das Fleisch des Schweins wird zu *sobrasadas* verarbeitet, mit scharfem Paprika, Salz und Pfeffer gewürzten Würsten. Das muss rasch gehen, denn die Qualität der Wurst könnte sonst leiden. Wenn alles Fleisch verwurstet ist, wird gefeiert und gegessen.

Nie fehlt an einem solchen Fest die *coca* (s. S. 126), die spanische Pizza sozusagen. Der Teig wird unterschiedlich, mit oder ohne Hefe, mit oder ohne Ei, zubereitet. Gemüse, Fisch und/oder Fleisch dienen als Belag; Früchte machen daraus ein Dessert. Vielleicht kommt auch ein *tumbet* (s. S. 128), ein Gemüseauflauf, auf den Tisch. Gemüse gehört auf den Balearen fast zu jedem Essen. Denn das milde Klima lässt Peperoni, Auberginen, Kohl, Zucchetti, Zwiebeln, Kartoffeln und Tomaten bestens gedeihen.

Zu bewundern ist die üppige Auswahl auf den Märkten, die in den Dörfern Mallorcas und Menorcas stattfinden; dort werden auch Früchte, Käse und Fleisch angeboten; dank der kurzen Anfahrtswege ist alles besonders frisch – ein wahrer Augen- und Gaumenschmaus!

Schnecken zum Frühstück

Vor dem Marktbesuch stärkt man sich mit einer *ensaimada* (s. S. 138), einem süssen, luftigen Hefegebäck, mit oder ohne Füllung. Der Teig besteht aus Mehl, Hefe, Zucker, Milch, Eiern und Schmalz. Die Zubereitung ist nicht ganz einfach, denn der Teig muss nach dem Aufgehen hauchdünn ausgewallt werden. Das Schmalz macht ihn geschmeidig. Als Füllung beliebt sind der *turrón* (Mandelnougat) und der *cabello de ángel* (Engelshaar), eine Art Kürbiskonfitüre, oder einfach Rahm. Ist der Teig mit der Füllung bestrichen, muss er aufgerollt werden. Diese Rollen formt man zu kleinen Schnecken (s. S. 138). Das alles braucht etwas Übung und Fingerspitzengefühl, der dünne Teig soll ja keine Löcher bekommen.

Zu einem richtigen Frühstück gehört übrigens auch noch die dickflüssige, dunkle spanische Schokolade (s. S. 138) – ein garantiert nahrhafter Start in den Tag.

Tomaten

Kräuter

Tongeschirr

Auberginen
Es gibt viele verschiedene Auberginenarten in Spanien. Bei uns sind die dunkelvioletten, länglich-ovalen Früchte am bekanntesten. Ihr Fruchtfleisch ist weiss. Hat es grosse, braune Flecken, ist die Frucht überreif. Die Stellen sollten weggeschnitten werden. Die Auberginen eignen sich zum Kochen und – in Scheiben geschnitten – zum Frittieren.

Kräuter
Das Klima der Balearen lässt zarte Kräuter wie Minze, Basilikum und Oregano das ganze Jahr über gedeihen. Die Kräuter bleiben am längsten frisch, wenn man sie mit ein paar Spritzern Wasser in einen Plastikbeutel gibt und sie so im Gemüsefach des Kühlschrankes aufbewahrt.

Mandeln
Den Mandelbaum erkennt man in der Blütezeit (in Spanien ab Januar) an den hellrosa Blüten. Die Mandelkerne befinden sich in einer hellbraunen, sehr harten Fruchtschale. In der spanischen Küche werden geschälte und gemahlene Mandeln sowohl für süsse als auch für pikante Gerichte verwendet.

Peperoni
Gemüsepaprika in allen Formen und Farben sind in Spanien sehr beliebt. Es gibt die länglichen *pimientos* und unsere «Peperoni», die in Spanien *pimientos morrones* heissen. Sie schmecken gut zu allen Meeresfrüchten, zu Fisch und Pilzen. Sie werden oft auch als *tapas* serviert.

Schweinefleisch
Nicht nur das Fleisch vom Schwein, auch die Innereien werden in Spanien gerne gegessen. Die Füsse kommen in Suppen, genauso wie Schwarten und Speck, aus denen aber auch Schmalz gewonnen wird. Zu besonderen Gelegenheiten gibts ein Spanferkel, ein kleines Jungschwein bis 10 Kilo, das am Spiess über dem Feuer gebraten wird. Bei uns muss es

peroni

Schweinefleisch

Mandeln

frühzeitig beim Metzger bestellt werden. Es reicht für acht bis zehn Personen.

Speiseoliven
Frische Oliven sind ohne längere Behandlung in einer Wasser-Salz-Lake oder in Soda ungeniessbar. Dabei werden den Früchten die Bitterstoffe entzogen. Zum Konservieren werden sie in Salzlake eingelegt oder mit Olivenöl und Würzzutaten wie Kräutern, Zitrone oder Fenchelsamen haltbar gemacht.

Tomaten
In Spanien sind Tomaten sehr beliebt. Sie sind ursprünglich ein südamerikanisches Gemüse und kamen Anfang des 16. Jahrhunderts nach Europa. Die Azteken nannten sie «tomatl». Die kugeligen Tomaten sind die vielseitigsten, sie haben ein mildes Aroma und eignen sich deshalb als Gemüse und für Salate. Aus den länglichen, süss-säuerlichen Eiertomaten macht man Suppen und Salat, sie eignen sich auch zum Einkochen.

Tongeschirr
Die Töpferkunst hat in Spanien eine lange Tradition. Der Lehm für das helle oder rötliche Geschirr wird im Tagebau zum Beispiel in der Provinz Cuenca gewonnen. Die *ollas* und *pucheros* (für Eintöpfe) sowie die *cazuelas* sind die üblichsten Formen des spanischen Kochgeschirrs. Meistens ist es innen, oft auch aussen glasiert. Da der Boden des Geschirrs nicht flach und eben genug für den elektrischen Herd ist, sollte man es nur auf dem Gasherd, im Backofen oder auf dem Feuer verwenden.

Sangría
Rotwein-Bowle

MALLORCA

Ergibt ca, 1,25 Liter

1 Bio-Orange
1 Bio-Zitrone
2 Nektarinen
50 g Rohzucker
1 dl Orangensaft, frisch
0,5 dl Brandy
7,5 dl Rotwein, z.B. Rioja, eisgekühlt
2,5 dl Mineralwasser, eisgekühlt
Eiswürfel nach Belieben

1 Am Vortag: Von beiden Zitrusfrüchten die Schale mit einem scharfen Messer spiralförmig dünn abziehen. Die Früchte bis auf das Fleisch fertig schälen. Fruchtfleisch in schöne Stücke schneiden. Nektarinen halbieren, vom Stein drehen und in Würfel schneiden. Alles in einen Krug geben. Mit Rohzucker, Orangensaft und Brandy mischen und zugedeckt 1 Tag im Kühlschrank durchziehen lassen.

2 Am Zubereitungstag: Kurz vor dem Servieren die Sangría mit dem Rotwein und dem Mineralwasser aufgiessen. Nach Belieben mit Eiswürfeln servieren.

TIPPS
Für eine alkoholfreie Variante kann der Rotwein durch roten Traubensaft ersetzt werden. Wer es gerne noch etwas aromatischer mag, reichert die *sangría* mit weiteren Früchten an, zum Beispiel mit Melonenkugeln, Aprikosenschnitzen oder frischen Feigen.

Ensalada a la mallorquina
Mallorquinischer Salat

Für 4 Personen

2 Eier
1 kleiner Blumenkohl
1 kleiner Romanesco
1 Karotte
4 Radieschen
4 Tomaten
Blattsalate, nach Belieben

Vinaigrette:
1 Dose Sardellenfilets
2 Knoblauchzehen, gehackt
0,75 dl Olivenöl
4 EL Rotweinessig
Salz, Pfeffer aus der Mühle

1 Eier mit Wasser bedeckt aufkochen und ab Siedepunkt 5–6 Minuten kochen, kalt abschrecken.

2 Für die Vinaigrette 2 Sardellen sehr fein schneiden. Mit Knoblauch und Öl im Mörser zu einer Paste zerstossen. Essig beigeben. Die Sauce mit Salz und Pfeffer pikant würzen.

3 Blumenkohl und Romanesco in Röschen teilen. In Salzwasser knackig garen. Abgiessen und nur kurz kalt abschrecken. Mit der Vinaigrette mischen. Karotte mit dem Sparschäler in feine Streifen schneiden. Radieschen in Schnitze, Tomaten in Scheiben schneiden. Alles zum Salat geben und gut mischen. 1 Stunde durchziehen lassen.

4 Kurz vor dem Servieren Blattsalate dekorativ auf Tellern anrichten. Gemüsesalat darauf anrichten. Eier schälen, halbieren und je eine Hälfte auf den Salaten verteilen. Restliche Sardellen darauf geben. Sofort servieren.

TIPP
Zum Salat die feurigen *patatas bravas* servieren. Dazu 1 kg Kartoffeln in Schnitze schneiden und in einer Bratpfanne in reichlich Olivenöl goldgelb braten. In einer separaten Pfanne 1 gehäuften EL Mehl und 1 TL Paprika in 2 EL Öl anschwitzen. Mit 1 dl Rindsbouillon und 1 EL Rotweinessig ablöschen. Mit Chiliflocken würzen. Kartoffeln darin wenden, mit Salz abschmecken und sofort servieren.

Coca de verduras
Gemüse-Blechkuchen

MALLORCA

Für ein Blech
von ca. 30 x 25 cm

20 g Hefe
1 Prise Zucker
2,75 dl Wasser, lauwarm
500 g Mehl
2 TL Salz
2 EL Olivenöl
2 EL Weisswein

Belag:
3 Krautstiele
1 Fenchelknolle
Salz
2 Tomaten
2 Knoblauchzehen
½ Bund Basilikum
Salz, Pfeffer aus der Mühle
1 dl Olivenöl zum Beträufeln

1 Hefe und Zucker im Wasser auflösen. Mehl und Salz in einer Schüssel mischen. Eine Mulde eindrücken. Hefewasser mit Öl und Wein in die Vertiefung geben. Alles zu einem Teig zusammenfügen. 10 Minuten glatt und geschmeidig kneten. Zugedeckt bei Raumtemperatur auf das Doppelte aufgehen lassen.

2 In der Zwischenzeit für den Belag die Krautstiele längs halbieren und samt schönen Blättern in 1 cm breite Streifen schneiden. Fenchel längs in Streifen schneiden. Beide Gemüse in Salzwasser 3–4 Minuten blanchieren. Kalt abschrecken und gut abtropfen lassen. Tomaten und Knoblauch in Scheiben bzw. in dünne Scheibchen schneiden.

3 Ofen auf 200 °C vorheizen. Hefeteig auf einem Backpapier in das Blech geben und flach drücken. Vorbereitete Zutaten dekorativ darauf verteilen. Basilikum grob zerzupfen und darüber streuen. Mit Salz und Pfeffer würzen. Mit Öl beträufeln. In der unteren Ofenhälfte ca. 30 Minuten backen. Heiss, lauwarm oder kalt servieren.

TIPP
Anstelle von Krautstielen und Fenchel eignen sich auch Zucchetti, grillierte Auberginen, Peperonistreifen oder Spinat.

Tumbet
Gemüse-Auflauf

MALLORCA

Für 4 Personen

1 Zwiebel, gehackt
3 Knoblauchzehen, gehackt
0,5 dl Olivenöl
1 Dose Tomaten, gehackt, 400 g
Salz, Pfeffer aus der Mühle
2 Auberginen, ca. 500 g
2 Zucchetti, ca. 200 g
2 gelbe Peperoni
400 g Kartoffeln, fest kochend
Olivenöl zum Beträufeln

1 Zwiebeln und Knoblauch in einer weiten, grossen Pfanne in 2 EL Öl andünsten. Tomaten zugeben und mit Salz und Pfeffer würzen. Bei mittlerer Hitze zu einer dicken Sauce einkochen.

2 Auberginen längs in 5 mm dicke Scheiben schneiden. In einer Grillpfanne ohne Fett beidseitig rösten. Mit wenig Öl bepinseln und mit Salz und Pfeffer würzen. Zucchetti leicht schräg in Scheiben schneiden. Peperoni vierteln und entkernen. In der Grillpfanne beidseitig ohne Fett rösten.

3 Kartoffeln in Würfelchen schneiden. Im restlichen Öl bei kleiner bis mittlerer Hitze ca. 5 Minuten andünsten. Mit Salz und Pfeffer würzen. Ofen auf 200 °C vorheizen.

4 Eine ofenfeste Form mit der Hälfte der Auberginen auslegen. Etwas Tomatensauce darüber verteilen. Kartoffelwürfel darauf verteilen. Mit Zucchetti decken. Wieder etwas Sauce darüber geben. Restliche Auberginen darauf auslegen. Mit Tomatensauce und Peperoni abschliessen. Mit Öl beträufeln. Den Tumbet in der Ofenmitte 45 Minuten überbacken.

TIPPS
Diese typische, vegetarische Insel-Spezialität kann heiss oder lauwarm serviert werden. Noch intensiver in den Aromen wird das Gericht beim erneuten Aufwärmen. *tumbet* schmeckt aber auch kalt und eignet sich deshalb ebenfalls für ein Tapas-Buffet oder fürs Picknick.
Die Form sollte eher gross und flach sein, damit der Gemüse-Auflauf nicht hoch eingeschichtet werden muss.

Sepia con cebolla
Tintenfisch mit Zwiebeln, Weinbeeren und Pinienkernen

Für 4 Personen

6–8 Sepias, küchenfertig, ca. 700 g
2 grosse Zwiebeln, gehackt
3 Knoblauchzehen, gehackt
1 Bund Petersilie, grob gehackt
1 dl Olivenöl
250 g Tomaten
1 Lorbeerblatt
0,5 dl Brandy
40 g Weinbeeren
30 g Pinienkerne
Salz, Pfeffer aus der Mühle

1 Tintenfische unter fliessendem, kaltem Wasser abspülen und trockentupfen.

2 Zwiebeln und Knoblauch mischen. Davon die Hälfte mit der Petersilie in $1/2$ dl Öl goldbraun rösten. Röstgemüse beiseite stellen. Tomaten halbieren, entkernen und in kleine Würfel schneiden.

3 In einer Pfanne mit Deckel die restliche Zwiebel-Knoblauch-Mischung und das Lorbeerblatt im restlichen Öl andünsten. Tintenfische und Tomaten zugeben und kurz mitdünsten. Mit Brandy ablöschen. Weinbeeren, Pinienkerne und 1 EL Röstgemüse beigeben. Mit Salz und Pfeffer pikant würzen. Zugedeckt bei kleiner Hitze 30 Minuten schmoren. Tintenfische herausheben und warm halten. Die Garflüssigkeit zu einer dicken Sauce einkochen lassen. Mit Salz und Pfeffer abschmecken.

4 Zum Servieren Tintenfisch auf vorgewärmten Tellern oder auf einer Platte anrichten. Beiseite gestelltes Röstgemüse darüber streuen.

TIPP
Auch Filets von Kabeljau, Seeteufel oder Zander sowie ganze, küchenfertige Fische wie Rouget und Dorade können auf diese Weise zubereitet werden.

Lomo
Jungschweinbraten

MENORCA

Für 4 Personen

2 Knoblauchzehen, gehackt
1 Zwiebel, gehackt
2 EL Dijon-Senf
1 TL Paprika, mild
¼ TL Pfeffer, gemahlen
¼ TL Kümmel
1 Bund Oregano
3 EL Olivenöl
1½ kg Kotelett vom Jungschwein, am Stück, mit Schwarte
4 Karotten
4 Zwiebeln
8 Knoblauchzehen
Salz
1–2 EL Honig, flüssig
Pfeffer aus der Mühle
2–3 dl Wasser

1 Drei bis vier Tage im Voraus: Knoblauch und Zwiebeln, Senf, Paprika, Pfeffer, Kümmel, Blättchen von einem ½ Bund Oregano und 2 EL Öl im Cutter fein pürieren. Das Kotelettstück in siedendem Wasser 5 Minuten blanchieren. Herausnehmen. Schwarte mit einem Messer übers Kreuz einschneiden. Rundum mit der Gewürzpaste einreiben und in einem grossen Tiefkühlbeutel verpackt 3–4 Tage im Kühlschrank marinieren.

2 Etwa 5 Stunden vor der Zubereitung: Fleisch aus dem Kühlschrank nehmen und bei Raumtemperatur stehen lassen. Karotten und Zwiebeln in grosse Stücke schneiden. Zusammen mit den ganzen, ungeschälten Knoblauchzehen und 1 EL Olivenöl mischen.

3 Ofen auf 250 °C vorheizen. Einen Bräter einschieben. Fleisch mit der Schwarte nach unten in den heissen Bräter geben. Im Ofen 20 Minuten anbraten. Fleisch wenden, salzen und mit Honig beträufeln. Gemüse und restlichen Oregano daneben legen, salzen und pfeffern. Weitere 10–15 Minuten braten.

4 Ofentemperatur auf 160 °C reduzieren. Wasser zum Fleisch giessen. Das Kotelettstück weitere 30 Minuten garen. Dabei immer wieder mit Saft beträufeln. Wenn nötig etwas Wasser nachgiessen. Die Ofentemperatur auf 80 °C reduzieren. Fleisch noch 30–60 Minuten fertig garen, bis eine Kerntemperatur von 72 °C erreicht ist. Mit dem Gemüse anrichten.

TIPP
Das Kotelettstück vom Jungschwein unbedingt einige Tage im Voraus beim Metzger bestellen.

Pollo con ciruelas y peras
Poulet mit Kräuter-Mandel-Sauce, Zwetschgen und Birnen

MALLORCA

Für 4 Personen

5 dl Rioja (Rotwein)
1 Zimtstange
50 g Zwetschgen, getrocknet
20 g Steinpilze, getrocknet
60 g Mandelstifte
2 Zweige Thymian
2 Zweige Oregano
2 Knoblauchzehen
4 Pouletschenkel
1 EL Olivenöl
Salz, Pfeffer aus der Mühle
1 Zwiebel, gehackt
2 EL Brandy
3 dl Kalbsfond
2 dl Wasser
50 g Zucker
½ TL Salz
2 Birnen

1 Wein mit der halbierten Zimtstange aufkochen. Pfanne vom Herd nehmen. Zwetschgen in den Wein legen und 30 Minuten ziehen lassen. Pilze in lauwarmem Wasser einweichen.

2 Mandeln in einer beschichteten Bratpfanne ohne Fett goldbraun rösten. Vom Thymian und Oregano die Blättchen abzupfen. Mit den Mandeln und dem Knoblauch im Cutter fein mahlen.

3 Pouletschenkel in einem Bräter im heissen Öl auf jeder Seite 1–2 Minuten scharf anbraten. Erst dann salzen und pfeffern. Zwiebeln zugeben und dünsten. Zwetschgen aus dem Wein heben und diesen beiseite stellen. Pilze abgiessen und gut abtropfen lassen. Beides zum Fleisch geben und mitdünsten. Mit Rioja, Brandy und Fond ablöschen. Zur Hälfte einkochen. ²/₃ der Mandelmischung beigeben. Mit Salz und Pfeffer würzen. Bei kleiner Hitze 15–20 Minuten zugedeckt fertig garen.

4 Für die Birnen Wasser, Zucker und Salz aufkochen. Birnen samt Schale vierteln und das Kerngehäuse entfernen. Im Zucker-Salz-Wasser knapp weich kochen. Aus dem Sud heben.

5 Kurz vor dem Servieren die Birnen zum Poulet geben und nur noch gut heiss werden lassen. Mit Salz und Pfeffer abschmecken. Pouletschenkel mit der Sauce und den Birnen auf vorgewärmten Tellern anrichten. Mit der restlichen Mandelmischung bestreuen. Sofort servieren.

TIPPS
Die getrockneten Zwetschgen können auch durch getrocknete Pflaumen ohne Stein ersetzt werden.
Die Kräuter-Mandel-Mischung ist vielseitig verwendbar, zum Beispiel über einem Gratin, zum Überbacken von Blumenkohl oder anderem Gemüse.

Helado de almendras
Mandelglace

MENORCA

Für 4 Personen

100 g Mandeln, ganz, geschält
300 g Zucker
½ TL Zimt
1 Bio-Zitrone
2 dl Rahm
8 dl Wasser
ca. 12 Mandeln, ganz, ungeschält
1–2 EL Honig, flüssig

1 Mandeln mit Zucker und Zimt in einem Cutter während längerer Zeit sehr fein mahlen.

2 Zitronenschale dünn abreiben und zur Mandelmasse geben. Saft auspressen. Rahm, Wasser und Mandelmasse in einem hohen Chromstahlgefäss mit dem Stabmixer gut aufmischen. Mit Zitronensaft abschmecken. Im Tiefkühler fest werden lassen. Dabei immer wieder mit dem Mixer aufmischen, damit keine Eiskristalle entstehen.

3 Zum Servieren die Mandelglace mit einem kleinen Glaceportionierer zu Kugeln formen. Mit Mandelkernen garnieren und mit flüssigem Honig beträufeln.

TIPPS
Die Glace bleibt im Tiefkühler gut verpackt 2 Monate frisch. Sie schmeckt auch wunderbar zu Fruchtsalat oder Früchtekompott.

Ensaimadas
Hefeteigschnecken

MALLORCA

Ergibt 8 Stück

20 g Hefe
1 dl Milch, lauwarm
250 g Mehl
50 g Zucker
1 TL Salz
1 TL Olivenöl
1 kleines Ei
Mehl zum Auswallen
100 g Schweineschmalz oder weiche Butter
Puderzucker zum Bestäuben

1 Am Vortag: Hefe in der lauwarmen Milch auflösen. Mehl, Zucker und Salz in einer Schüssel mischen. Eine Mulde eindrücken. Hefemilch in die Vertiefung geben und mit etwas Mehl vom Rand zu einem Vorteig verrühren. Dick mit Mehl bestäuben und ca. 20 Minuten gehen lassen, bis sich an der Oberfläche Risse bilden. Öl und Ei verquirlen und zugeben. Alles zu einem Teig zusammenfügen.
10 Minuten glatt und geschmeidig kneten. Zugedeckt bei Raumtemperatur auf das Doppelte gehen lassen.

2 Teig in 8 Portionen teilen und auf Mehl so dünn wie möglich zu Rechtecken von je 20 x 12 cm auswallen. Je ca. 12 g Schmalz darauf geben und mit einem Messerrücken dünn auf dem Teig ausstreichen. Teigstücke von der Längsseite her locker aufrollen. Nochmals 1 Stunde aufgehen lassen.

3 Die Teigstränge locker zu Schnecken aufrollen und auf ein mit Backpapier belegtes Blech geben. Im kalten, geschlossenen Backofen mindestens 12 Stunden aufgehen lassen.

4 Am Zubereitungstag: Ensaimadas im kalten Ofen lassen und diesen auf 200 °C aufheizen. Krapfen 10–15 Minuten goldbraun backen. Noch warm mit Puderzucker bestäuben. Möglichst frisch servieren, am besten noch lauwarm.

TIPP
Dazu gehört die *chocolate caliente* – eine heisse Schokolade, in der die *ensaimadas* mit Vorliebe getunkt werden: Dafür pro Glas 1 dl Milch mit 1 dl Wasser aufkochen. 1 EL Kakaopulver und 25 g zerbröckelte Edelbitterschokolade darin auflösen. Nach Belieben mit Zucker süssen.

Stichwortregister

A
Amontillado 89
Anchoas 15, 90
Andalusien 90, 92, 96, 98, 104, 106
Äpfel 28
Apfelwein 24
Aprikosen 58, 122
Aprikosen, getrocknet 106
Aragonien 48, 52
Arborio-Reis 102
Artischocken 40, 56
Asturien 16, 24
Auberginen **120**, 126, 128

B
Bacalao 14, 26
Backpflaumen 104, 134
Basilikum 16, **120**, 126
Baskenland 26, 28
Baumnüsse 112
Bier 80
Birnen 134
Birnen, getrocknet 108
Blattsalat 124
Blechkuchen, Gemüse- 126
Blumenkohl 124, 134
Blutwurst **14**, 24
Bohnen **14**, 24, 42, 108
Bohnensalat mit Minze 42
Boquerones 15, 90
Bouillon 46, 50, 56, 76, 80
Bowle, Rotwein- 122
Brandy 54, 122, 130, 134
Braten vom Jungschwein 132
Brenneisen 40, 58
Brombeeren 114
Brot 16, 20, 48, 66, 70, 74, 76, 90, 98, 102
Brotwürfelchen nach Art der Extremadura 74
Bunsenbrenner 40, 58
Butter 18, 92, 114, 138
Butterbohnen 108

C
Camolino-Rundkornreis 32
Carabineros 40
Cava 50
Cazuelas 121
Cecei 94
Champignons 52
Chardonnay 46
Cherrytomaten 16, 94, 96
Chilischoten 16, 44, 50, 108
Chorizo 24, **66**, 74, 78, 96, 102
Cidre 24
Corail **14**, 20
Creme mit Aprikosen 58

D
Datteln 106
Dijon-Senf 42, 132
Dorade 130
Dörrfrüchte 104, 106, 108, 112, 130, 134

E
Edelbitterschokolade 28, 112, 138
Eier 16, 18, 34, **40**, 48, 58, 60, 72, 76, 98, 110, 124, 138
Eierkuchen 72
Eierschwämmchen 28
Eingelegte Sardellen 90
Eisbergsalat 94
Entenbrust mit Backpflaumen 104
Erbsen, grün 102
Erdbeeren 114
Essig 42, 44, 46, 52, 90, 94, 96, 98, 124
Extremadura 74

F
Feigen 82, **88**, 122
Feigen, getrocknet 112
Feigenbrot 112
Fenchel 126
Fino 89
Fisch 14, 22, 26, 46, 50, 72, 90, 94, 100, 124, 130
Fischsalat mit Meeresfrüchten 46
Flan mit Orangen 110
Fleisch 16, 18, 20, 22, 24, 28, 42, 48, 52, 54, 66, 74, 78, 80, 88, 102, 104, 106, 108, 132
Fleischbällchen mit Tomatensalsa 48

Fleischbouillon 80
Fleisch-Küchlein, gedeckte 18
Fond 28, 54, 80, 98, 102, 104, 106, 134
Forellen, gebraten 22
Früchte, kandierte 32, **40**
Frühlingszwiebeln 44

G
Galia-Melone 98
Galicien 18, 20
Gazpacho andaluz 98
Gedeckte Fleisch-Küchlein 18
Geflügel 72, 102, 104, 134
Geflügelfond 54, 104
Geflügelleber-Salbei-Tortilla 72
Gemüse mit Salbitxada-Sauce 44
Gemüse-Auflauf 128
Gemüse-Blechkuchen 126
Gemüsebouillon 46, 50, 56, 76
Gemüse-Eintopf nach Zigeunerart 108
Gemüsefond 98, 102
Geröstete Brotwürfelchen nach Art der Extremadura 74
Getrocknete Tomaten 94
Gewürzpasten 14
Gigot 106
Glace 34, 136
Graciano 15
Granatäpfel **88**, 110
Grand Marnier 112
Grappa 20

Granatäpfel

Grenache 15
Grüne Bohnen 42, 108
Gurken 96, 98

H
Hackfleisch 18, 48
Hase 28
Haselnüsse 112
Hefe 70, 126, 138
Hefeteigschnecken 138
Heidelbeeren 114
Honig 82, 92, 132, 136
Honig-Zwiebelchen 92
Hühnerleber 72
Hülsenfrüchte **14**, 66, 78, 108
Hummer 54

J
Jakobsmuscheln **14**, 20, 98
Jakobsmuscheln nach galicischer Art 20
Jamón ibérico 66
Jamonera 67
Johannisbeeren 114
Jungschweinbraten 132

K
Kabeljau 14, 50, 130
Kabeljau-Suppe mit Gemüse 50
Kakaopulver 54, 138
Kalbsfond 80, 106, 134
Kalbsleber 80
Kalte Suppen 98
Kandierte Früchte 32
Kaninchen 28, 54
Kaninchenschenkel mit Hummer 54
Kantabrien 32
Kapern **88**, 94, 100
Karamell-Flan 110
Karamellisierte Creme mit Aprikosen 58
Karotten 44, 50, 52, 78, 104, 108, 124, 132
Kartoffeln 26, 52, 60, 72, 96, 108, 124, 128
Kartoffelsalat an Sherry-Vinaigrette 96
Kartoffel-Torte mit Mandeln 60
Käse 16, **66**, 82, 94
Kastilien-La Mancha 76, 82

Kastilien und León 70, 78
Katalonien 42, 44, 46, 50, 54, 56, 58, 60
Kefen 50
Kichererbsen 14, **66**, 78, 108
Kichererbsen-Eintopf 78
Knoblauch 16, 18, 20, 22, 26, 30, **41**, 44, 46, 48, 52, 54, 56, 68, 74, 76, 78, 90, 94, 98, 100, 102, 104, 106, 108, 124, 126, 128, 130, 132, 134
Knoblauch-Melonen-Suppe 98
Knoblauch-Riesenkrevetten 68
Knoblauchsuppe 76, 78
Knollensellerie 50, 52, 78
Knurrhahn 46
Kochgeschirr 121
Kohlrabi 50
Kompott aus Trauben 34
Kotelett vom Jungschwein 132
Kräuter aufbewahren 120
Krautstiel 126
Kreuzkümmel 92, 106
Krevetten 16, **40**, 46, 54, 68
Kümmel 132
Kürbis 108

L
La Rioja 34
Lachs 50
Lammfleisch 48, 106
Lammgigot nach Art der Mauren 106
Lattich 42
Lauch 26, 44, 50
Linsen 14
Lorbeer 26, 52, 54, 74, 78, 104, 108, 130

M
Madrid 68, 72, 80
Maisgriess 18
Maiskörner 102
Maisstärke 58
Majoran 22
Malaga 28
Mallorca 122, 124, 126, 128, 134, 138
Mallorquinischer Salat 124
Manchego 16, **66**, 82, 94
Mandelglace 136

Mandel-Kartoffel-Torte 60
Mandeln 44, 54, 60, 82, 98, 102, 106, 112, 114, **120**, 134, 136
Mandelpaste **41**, 60
Mandel-Schmalz-Gebäck mit Früchten 114
Manzanilla 89
Mayonnaise 98
Meeresfrüchte 14, 20, 40, 46, 54, 68, 98, 102, 130
Mehl 18, 22, 28, 70, 80, 114, 126, 138
Melone 98, 122
Menorca 130, 132, 136
Miesmuscheln 46, 102
Migas **66**, 70, 74
Milch 32, 58, 74, 98, 138
Milchreis 32, 89
Milchreis mit marinierten Pfirsichen 32
Mineralwasser 122
Minze 42, 44, 56, 80, **120**
Morcheln 50
Morcilla **14**, 24
Mörser 14
Murcia 94, 108, 112
Muscheln **14**, 20, 46, 98, 102
Muskat 92, 104

N
Natron 42
Navarra 22, 30
Nektarinen 122
Nelken 52, 74, 78, 92, 104, 108
Nora 102

O
Oliven 16, 96, 100, **121**
Olivenöl 16, 18, 20, 22, 26, 28, 30, 42, 44, 46, 48, 52, 54, 56, **66**, 68, 70, 72, 74, 76, 80, 90, 94, 96, 98, 100, 102, 106, 108, 124, 126, 128, 130, 132, 134, 138
Ollas 121
Olorosa 89
Orangen 34, **89**, 100, 110, 112, 122
Orangen-Karamell-Flan 110
Oregano 16, 24, 44, 50, 104, **120**, 132, 134
P

Paella, -pfanne 88, 102
Paniermehl 48, 54
Paprikapulver **15**, 18, 20, 48, 74, 76, 98, 108, 132
Paprikaschoten, getrocknet 102
Paprikawurst 24, **66**, 74, 78
Parisette 16, 90
Pata negra-Schinken 16, 42, **66**
Patisson 50
Peperoncini 16, 44, 50, 108
Peperoni 16, 18, 30, 44, 46, 72, 74, 94, 96, 98, 102, **120**, 126, 128
Peperoni schälen 30
Petersilie 20, 22, 28, 48, 54, 56, 68, 72, 76, 90, 102, 104, 130
Pfälzerrüben 108
Pfefferminze 42, 44, 56, 80, **120**
Pfirsiche 32
Pflaumen, getrocknet 104, 134
Pilgermuschel **14**, 20, 98
Pilze 28, 50, 52, 134
Pimientos **15, 120**
Pinienkerne 44, 82, 98, 130
Pistazien 104
Plancha, a la 40
Polentamaisgriess 18
Poulet mit Kräuter-Mandel-Sauce 134
Pouletschenkel 102, 134
Pucheros 121
Puderzucker 30, 60, **67**, 114, 138

R
Radieschen 124
Rahm 32, 58, 136
Reis 32, 56, **89**, 102
Reis mit Artischocken 56
Reispfanne 102
Riesenkrevetten **40**, 54, 68, 98, 102
Riesenkrevetten mit Knoblauch 68
Rindfleisch 18, 48, 52, 78
Rioja **15**, 28, 34, 52, 122, 134
Rohschinken 16, 18, 20, 22, 42, **66**, 78, 88
Rohzucker 48, 58, 100, 110, 122
Romanesco 124
Rosmarin 48, 56

Rotwein **15**, 28, 34, 52, 122, 134
Rotwein-Bowle 122
Rotweinessig 44, 52, 124
Rotwein-Sorbet mit Traubenkompott 34
Rouget 130
Rüben, weisse 78
Rundkornreis 32

S
Safran 26, 54, **66**, 92, 102
Salate 42, 46, 94, 96, 124
Salatgurken 96, 98
Salbei 72
Salbitxada-Sauce 44
Sardellen **15**, 90, 124
Sardinen **15**, 72
Sardinen-Spinat-Tortilla 72
Saucenzwiebeln 92
Sauternes, spanischer 54
Schafkäse 16, **66**, 82, 94
Schafskäse mit Feigen und Nüssen 82
Schalotten 92
Schaumwein, spanischer 50
Schinkenmesser 67
Schmalz 18, **41**, 114, 120, 138
Schokolade 28, 112, 138
Schokolade, heisse 138
Schweineschmalz 18, **41**, 114, 120, 138
Schweinsfüsschen 108, 120

Spanischer Schinken

Schweinswädli 78
Seeteufel 46, 50, 100, 130
Seeteufel in Zitronen-Orangen-Sauce 100
Sellerie 50, 52, 78
Senf 42, 132
Sepia **41**, 46, 130
Serrano-Schinken 16, 18, 20, 22, 42, 78, **88**
Sherry 82, **89**, 96, 104, 106, 114
Sherry-Essig 42, 46, 94, 96, 98
Sherry-Vinaigrette 96
Siedfleisch 78
Sofrito 102
Soissons-Bohnen 24, 108
Sorbet 34
Spanferkel 120
Spargel 16, 72
Spargel-Kräuter-Tortilla 72
Speck 22, 78, 104, 120
Spinat 72, 126
Steinpilze 52, 134
Sternanis 32
Sultaninen 106, 130
Suppe, Kabeljau- 50
Suppe, Knoblauch- 76
Suppen, kalte 98

T
Tabasco 98
Tannenzweiglein 52
Tapas 14, 16, 24, 30, 46, 68, 70, 72, 74, 90, 92, 94, 102, 120, 128
Tempranillo 15
Thon 94
Thymian 48, 52, 56, 72, 104, 134
Tintenfisch **41**, 46, 130
Tintenfisch mit Zwiebeln 130
Toastbrot 98, 102
Tomaten 16, 18, 44, 46, 50, 52, 54, 94, 96, 98, 102, 108, **121**, 126, 128, 130
Tomaten, getrocknet 94
Tomatenpüree 18, 48, 76
Tomatensalat 94
Tomatensauce 18, 48
Tongeschirr 121
Totentrompeten 52

Trauben 34
Traubensaft 122
Trockenfrüchte 104, 106, 108, 112, 130, 134
Turrón **41**, 60

V
Valencia 100, 102, 110
Vanilleschoten 32
Venusmuscheln 46
Vialone-Reis 56

W
Wacholderbeeren 28
Weggli 48
Wein **15**, 18, 20, 24, 26, 28, 34, 46, 50, 52, 54, 82, 89, 96, 100, 104, 106, 114, 122, 126, 134
Weinbeeren 106, 130
Weintrester 20
Weissbrot 16, 20, 66, **70**, 74, 76, 90, 98
Weisse Bohnen 108
Weisse Rüben 78
Weissmehl 18, 22, 28, 70, 80, 114, 126, 138
Weisswein 18, 20, 26, 46, 54, 100, 126
Weissweinessig 90, 94, 98
Wildfond 28
Wildhase 28
Wildschweinbraten 52

Z
Zander 130
Zimt 32, 34, 58, 74, 104, 106, 112, 114, 134, 136
Zitronen 20, 32, 34, 46, 56, 58, **89**, 96, 100, 114, 122, 136
Zitronen-Orangen-Sauce 100
Zucchetti 16, 50, 126, 128
Zucker 30, 32, 34, 48, 58, 60, **67**, 96, 98, 100, 110, 114, 122, 126, 134, 136, 138
Zwetschgen, getrocknet 134
Zwiebeln 16, 18, 20, 26, 28, 44, 48, 52, 54, 72, 78, 80, 92, 104, 106, 108, 128, 130, 132, 134

Karte Spanien

Die *SAISON KÜCHE* im Abonnement

- **Supergünstig:** nur Fr. 25.– für 12 Ausgaben im Jahr, bequem nach Hause geliefert.

- **Marktfrisch:** feine Ideen für die saisongerechte, moderne Küche.

- **Informativ:** amüsante Geschichten rund ums Essen und Geniessen.

- **Praktisch:** präzise Anleitungen, wertvolle Tipps und Sofort-Beratung gratis.

- **Vorteilhaft:** laufend tolle Angebote zu Sonderpreisen und dazu die SAISON-KÜCHE-Bücher zu AbonnentInnen-Konditionen.

ABONNIEREN SIE JETZT:

SAISON-KÜCHE, Abo-Service,
Postfach, 8957 Spreitenbach
Telefon 0848 877 777 (normaler Gesprächstarif)
Fax 056 417 53 37
E-Mail: saisonkueche@limmatdruck.ch
oder www.saison.ch

Preis 2004, Auslandpreise auf Anfrage.